44853

VICES

DE

LA LÉGISLATION FRANÇAISE

ET

LEUR RÉFORME.

LIBRAIRIE DE MANSUT FILS.

FERRIÈRE MODERNE, ou nouveau Dictionnaire des termes de droit et de pratique, dans lequel la définition de chaque mot est accompagnée des articles des codes, lois, décrets, etc. ; par *Tolluire* et *Boulet*. 2 vol. in-8°.. 8 fr.

CODE DU RECRUTEMENT, ou recueil complet et raisonné des lois, ordonnances et instructions ministérielles concernant les engagemens, les appels, les conseils de révision, les exemptions et dispenses, les remplacemens, etc., etc. ; par *MM. Paillard de Villeneuve* et *Syrot*, avocats ; in-18.. 2 fr. 50 c.

MANUEL DU DROIT ROMAIN, ou examen sur les Institutes de Justinien, présenté par demandes et par réponses ; précédé d'une Introduction contenant une esquisse de l'histoire du Droit romain, et une bibliothèque des meilleurs livres à consulter, tant sur l'histoire que sur les principes de ce droit ; par *M. E. Lagrange*, Docteur en Droit, ancien élève de *M. Du Caurroy*. Un fort vol. in-18. Prix : 5 fr. 50 c.

INSTITUTES DE GAIUS, récemment découvertes dans un palimpseste de la bibliothèque du chapitre de Vérone, et traduites pour la première fois en français ; par *J. B. E. Boulet*, Avocat à la Cour royale ; avec des notes destinées à faciliter l'intelligence du texte. Un vol. in-8°., texte en regard. Prix :.................... 7 fr. 50 c.

TABLEAU GÉNÉRAL sur les degrés de parenté et sur l'ordre des successions régulières ; par *Charles Martin*, Avocat à la Cour royale de Paris ; in-8° avec un tableau.. 2 fr.

DU BÉGAIEMENT, et de tous les autres vices de la parole, traités par de nouvelles méthodes ; précédés d'une théorie nouvelle sur la formation de la voix, et suivis de plusieurs observations ; par *Colombat* de l'Isère ; seconde édition, in-8°, avec planche.................. 6 fr.

STÉNOGRAPHIE SIMPLIFIÉE, ou l'art d'écrire aussi vite que l'on parle, réduit à ses plus simples principes ; par *E. Cadrès Marmet* ; seconde édition, accompagnée de deux planches gravées, in-8°... 3 fr.

TRAITÉ DE TAXIDERMIE, ou l'art de conserver et d'empailler les animaux ; par *M. Dupont* aîné, naturaliste, seconde édition, avec 4 planches gravées, in-8°.. 3 fr. 50 c.

VIE ANECDOTIQUE DE LOUIS-PHILIPPE Ier, Roi des Français ; par *un Grenadier de la Garde Nationale* ; nouvelle édition, ornée d'un portrait du prince, d'après Horace Vernet, in-18.... 2 fr.

ÉLÉMENS DE PHYSIQUE EN XXX LEÇONS, contenant le développement des théories les plus importantes de cette science, un précis de la nomenclature chimique, etc. ; seconde édition entièrement refondue sur la première ; avec plusieurs pl. ; par *A. Teyssèdre*, un fort vol. in-12.. 7 fr.

ARITHMÉTIQUE EN XV LEÇONS ; par le même ; seconde édition, augmentée d'une leçon sur l'extraction des racines carrées et cubiques, un vol. in-12.. 3 fr.

RÉSUMÉ DE L'HISTOIRE ROMAINE, depuis Romulus jusqu'à Constantin, suivi d'un tableau de la décadence et de la chute de l'empire romain ; par *A. Roche*, un vol. in-18.................... 2 fr. 50 c.

IMPRIMERIE DE Ve. THUAU,
rue du Cloître-St.-Benoît, n. 4

CONSEILS

AUX PRÊTEURS SUR HYPOTHÈQUES

ET AUX ACQUÉREURS D'IMMEUBLES,

POUR ÉVITER LES VICES DE LA LÉGISLATION FRANÇAISE,

SUIVIS DE

VUES PROPRES A ÉTABLIR UN NOUVEAU SYSTÈME DE TRANSLATION DE PROPRIÉTÉ, ET DE QUELQUES CONSIDÉRATIONS SUR LA NOUVELLE CHARTE DU 7 AOUT 1830;

PAR A. A. SAUTAYRA,

DOCTEUR EN DROIT ET AVOCAT A LA COUR ROYALE DE PARIS.

SECONDE ÉDITION,

Revue et Corrigée.

Paris.

MANSUT FILS, LIBRAIRE-ÉDITEUR,

Rue de l'École-de-Médecine, n° 4.

1830.

AVIS

EN TÊTE DE LA PREMIÈRE ÉDITION.

L'OPUSCULE que je livre aujourd'hui au public n'était pas destiné à voir le jour; la pensée seule qu'il peut être utile m'a déterminé, aux dépens de ma vanité, à servir la cause du bien public.

Le prix proposé par M. Casimir Perrier, le 9 février 1829, réveilla en moi l'idée de coordonner les matériaux que j'avais rassemblés quelques années avant, et de lui présenter, sous la forme d'un mémoire (1), quelques vues d'améliorations qui contrarient le système hypothécaire dont M. DECOURDEMANCHE vient de donner une seconde édition corrigée et augmentée (2).

(1) Ce Mémoire, déposé le 30 avril 1829, a pour titre : *Mémoire à M. Casimir Perrier, député de la Seine, sur divers changemens à faire éprouver au Code civil à l'occasion d'un nouveau système hypothécaire*, avec cette épigraphe :

..... Non levia aut ludicra petuntur
Præmia.

VIRG. *Æneid.* XII. 764.

(2) Une troisième édition a paru cette année.

Loin de moi l'intention de déprécier par cette publication l'ouvrage de l'un de mes confrères, qui a traité une question d'un aussi haut intérêt pour la fortune privée. Toutefois, malgré un talent supérieur, on peut bien quelquefois ne pas atteindre le but utile et vrai, *errare humanum est;* et sans me faire illusion, mettant de côté toute espèce d'amour-propre, j'ai cru devoir appeler sur les modifications ou réformes que réclame, suivant moi, le Code civil relativement à la translation des immeubles, toute la sévérité de la critique des jurisconsultes et des publicistes, fermement persuadé d'ailleurs que la publicité seule peut faire connaître les vices d'un système nouveau; car une critique sage, éclairée et juste, fait en partie l'office de l'interprétation et de l'application. Du choc des opinions très-souvent jaillit la lumière; or l'on ne doit rechercher que la vérité, rien que la vérité (1).

Si j'ai été assez heureux pour indiquer quelque moyen propre à établir la propriété des immeubles sur des bases solides et immuables, ou simplement pour attirer l'attention publique sur quelque opinion qui puisse être comparée avec d'autres, je croirai m'être acquitté d'un devoir, mon but sera atteint.

(1) J'appelle de tous mes vœux les réflexions de ceux qui me liront; aussi recevrai-je avec plaisir les adhésions et surtout les critiques que l'on aura l'obligeance de m'adresser, désireux de rectifier les erreurs que je puis avoir avancées.

PRÉFACE.

La meilleure loi est celle que tout le monde connaît, celle que l'on applique et que l'on interprète journellement et depuis longues années, en un mot, celle à laquelle chacun est habitué d'obéir. Cet adage de droit devenu banal : *Nemo censetur ignorare legem*, est, sous ce rapport, autant une réponse vraie, juste et raisonnable pour celui qui est lésé, qu'il est la sauvegarde, la garantie de la liberté civile.

De cette vérité, que je crois incontestable, je tire la conséquence que tout pouvoir législatif doit, avec la plus grande circonspection, changer ou seulement modifier la législation qui régit un peuple. Si je ne viens pas d'exprimer une erreur, combien beaucoup plus grande encore ne doit-elle pas être la prudence, la retenue de celui qui proclame les vices plus ou moins dangereux d'une loi en vigueur, laquelle doit toujours être revêtue d'une autorité morale, son plus grand soutien.

L'office du législateur se réduit à suivre les

besoins que réclament les progrès de la civilisation, en donnant une forme conservatrice aux droits de chacun. Le pouvoir de créer lui est impérieusement refusé ; il sanctionne un droit préexistant, un usage non peut-être en vigueur, mais du moins réclamé par l'opinion publique. Dans une loi, ce qui a reçu la vie, ce qui a été créé, inventé, c'est la rédaction, qui doit être sage, mûrie et claire; c'est la combinaison des matériaux qui doit être habile et révéler une doctrine profondément méditée.

Si j'applique ces principes aux lois hypothécaires qui nous régissent, je me demande d'abord : sont-elles tombées en désuétude, ou seulement en discrédit par déconsidération ? Ensuite, l'opinion publique réclame-t-elle une réforme, en fait-elle sentir la nécessité; en un mot, est-ce un besoin ?

Il est impossible, de toute impossibilité absolue que les lois hypothécaires tombent entièrement en désuétude, qu'elles soient en totalité abrogées par le non usage (1). Il y aura toujours

(1) D'après Ulpianus (*Libr. regul. sing. fragm.*), les Romains professaient que « *Lex aut rogatur, id est, fertur; aut abrogatur, id est, prior lex tollitur ; aut derogatur, id est, pars primæ legis tollitur; aut subrogatur, id est, adjicitur aliquid primæ legi; aut obrogatur, id est, mutatur aliquid ex prima lege.*

Mores sunt tacitus consensus populi longa consuetudine inveteratus. »

des propriétés foncières, et par conséque propriétaires d'immeubles, et un plus ou n grand nombre de créanciers hypothécaires. S ce rapport, ces lois ne peuvent ainsi être anéan-

L'abrogation des lois avait aussi lieu par le non usage ou plutôt par la fiction d'un consentement tacite et général de tous. Julianus (*Fr.* 32, § 1, *de Leg.*, 1, 3) s'exprime ainsi : *Inveterata consuetudo pro lege immerito custoditur (et hoc est jus, quod dicitur* MORIBUS CONSTITUTUM); *nam cum ipsæ leges nulla alia ex causa nos teneant, quam quod judicio populi receptæ sunt ; merito et ea, quæ sine ullo scripto populus probavit, tenebunt omnes : nam quid interest suffragio populus voluntatem suam declaret, an rebus ipsis et factis? Quare rectissime etiam illud receptum est, ut leges non solum suffragio legislatoris, sed etiam tacito consensu omnium per desuetudinem abrogentur.*

D'après la constitution française, l'abrogation par le non usage semble ne pouvoir être admise, sinon en thèse générale, du moins à l'égard de certaines lois.

La cour suprême, dans la célèbre affaire Gibory, a décidé, par son arrêt de cassation du 21 juillet 1810, qu'un usage prétendu général, contraire à la loi, ne doit pas être toléré par les tribunaux et ne peut abroger une loi. La même cour a encore consacré cette doctrine dans l'affaire du comte Forbin Janson, le 11 août 1824, en jugeant que les lois contre les marchés à termes n'ont pas cessé d'être en vigueur, *en droit*, *parce que l'on ne peut prescrire contre l'exécution des lois, que le législateur signale lui-même, en les publiant, comme étant indispensables au bien de l'état et au maintien de la morale publique ; que leur abrogation ne peut résulter que d'une loi.*

Dans le rapport fait au roi et inséré dans le Moniteur du 25 décembre 1826, la commission de révision consacre les principes enseignés par la cour de Cassation, en ces termes : *La désuétude est une abrogation vivante de la loi, suivant les jurisconsultes Romains. Il est difficile d'adopter cette opinion comme une maxime générale, et il est plus sûr d'établir la maxime tutélaire, que les lois subsistent tant qu'elles ne sont pas révoquées, et qu'elles ne peuvent l'être que par un acte des pouvoirs institués pour les faire.*

ties, il y a impossibilité physique; mais elles végètent et ne portent que des fruits amers et sauvages.

De ce que l'usage ne peut tacitement abroger les lois hypothécaires, doit-on conclure qu'elles ne puissent être déconsidérées, ou bien encore que l'opinion publique ne puisse manifester la nécessité de leur réforme? Qui oserait le penser! Si l'abrogation ne peut être totale, elle est du moins partielle; c'est l'effet du discrédit. Alors, sans nul doute, le besoin d'une réforme se fait impérieusement sentir.

Mais comment apprécier, à sa juste valeur, cette déconsidération ou ce discrédit? De deux manières infaillibles :

1°. Par la multiplicité des causes qui sont déférées aux tribunaux et des transactions qui terminent des différends existans ou qui peuvent s'élever. Cette multiplicité révèle incontestablement un vice radical, soit dans le fond, soit dans la forme de la loi. De là, des opinions plus ou moins sages, plus ou moins ingénieuses, mais toujours controversées, deviennent une source féconde de trouble dans les familles et de ruine pour les plaideurs.

En défendant un droit juste, équitable même, on compromet sa fortune. Heureux encore, si, quoique irréprochable, on est sorti de cette lutte sans que l'honneur et la réputation n'aient reçu un échec!

2°. Par la défiance qu'inspire la loi elle-même. Le système hypothécaire de France doit être examiné sous deux points de vue différens.

D'un côté il devrait garantir au propriétaire son droit de propriété; montrer à l'acquéreur toutes les chances qu'il peut courir en faisant telle ou telle acquisition immobilière. Or, peut-on sérieusement soutenir qu'en France la propriété foncière soit assise sur des bases solides et immuables! Est-il un seul propriétaire qui puisse hardiment prétendre qu'aucune éviction ne viendra pas un jour l'inquiéter?

D'un autre côté, le prêt hypothécaire tombe chaque jour de plus en plus en désuétude. La raison vient de ce que la loi ne lui accorde qu'une garantie vaine et illusoire; qu'elle n'a ouvert qu'une voie rude, pénible et dangereuse pour obtenir la triste certitude que le gage était insuffisant en tout ou en partie. A chaque instant le prêteur sur hypothèque peut devenir victime d'une éviction ou d'une créance qui lui était inconnue lors du prêt; car, l'eût-il voulu, il n'aurait eu aucun moyen pour en prendre connaissance. Il est victime de sa confiance, sans que, pour cela, l'emprunteur puisse être taxé de mauvaise foi.

Dans de telles circonstances, est-ce donc faire preuve de témérité, que produire au grand jour les nombreux défauts qui sapent dans ses fondemens une loi quoique en vigueur? Au contraire, ne s'est-on pas acquitté d'un devoir? car lorsqu'une loi produit des effets pernicieux, il y a nécessité, besoin impérieux, absolu, urgent même d'une prompte révision, mais pourtant réfléchie dans toutes ses combinaisons.

Déjà depuis long-temps les vices radicaux de notre système hypothécaire ont eu pour effet d'éloigner les capitaux des prêts sur immeubles. Ce fâcheux état de choses a suggéré à M. Casimir Perrier l'idée de proposer un prix pour celui qui présenterait le meilleur Mémoire qui pourrait servir de base à un nouveau système hypothécaire. Le 5 février 1829, il a appelé l'attention du public par la lettre suivante, insérée dans les journaux du lendemain.

MONSIEUR,

« Depuis long-temps, tous ceux qui s'intéressent à la prospérité sociale s'affligent d'en voir le développement entravé par les vices de notre système hypothécaire, dont les principaux effets sont d'éloigner les capitaux des prêts sur immeubles et de maintenir la dis-

« proportion considérable et fâcheuse qui existe « entre l'intérêt dans les emprunts sur la pro- « priété et celui que présentent les autres opéra- « tions de même nature. Le commerce et l'a- « griculture réclament également, dans cette « partie de notre législation, des améliorations « qui permettent d'étendre le crédit dont l'un « et l'autre éprouvent un si grand besoin, en « l'asseyant sur la base à la fois la plus large et « la plus solide, sur la valeur immense de « notre sol.

« Frappé de ce fâcheux état de choses et dé- « sirant contribuer à en avancer le terme, j'ai « proposé, il y a deux ans, les questions sui- « vantes, en créant un prix de 3,000 fr. pour « l'auteur du Mémoire qui serait jugé les avoir « le mieux résolues.

« 1°. Quels sont, en France, les vices et les « lacunes des dispositions législatives et admi- « nistratives concernant le prêt hypothécaire?

« 2°. Quels sont les obstacles qui s'opposent « à la direction des capitaux vers cette nature « d'emploi?

« 3°. Quelles seraient enfin les meilleures « dispositions à établir pour former, sur cette « partie, le projet de législation le plus com- « plet et le plus en harmonie avec les besoins

« du fisc, ceux des emprunteurs et les intérêts « qu'ont droit d'exiger les prêteurs, etc. ?

« Plusieurs Mémoires ont répondu à cet appel « que, récemment, est venu en quelque sorte « reproduire la publication d'un travail dû à « M. DECOURDEMANCHE, avocat du Barreau de Pa- « ris, et que la presse périodique a signalé à « l'attention des publicistes et des jurisconsultes.

« Quelles que soient l'importance et la diffi- « culté de la matière, le laps de deux années a « certainement suffi aux personnes qui se se- « raient senti le désir de l'éclairer de leurs lu- « mières et de leur expérience.

« Le concours sera donc fermé le 1er mai pro- « chain, époque où les Mémoires envoyés seront « soumis à un jury volontaire (1).

« Les concurrens pourront d'ailleurs se dis- « penser d'examiner les questions du libre taux « de l'intérêt, de la vente à réméré et de l'ex- « propriation forcée, s'ils ne jugent pas cet « examen nécessaire au développement du sujet « principal (les hypothèques). Le désir de faci- « liter le plus possible l'émission de nouveaux « travaux sur la matière m'a déterminé à rendre

(1) J'ai appris, par la troisième édition de l'ouvrage de M. *Decourdemanche*, que ce Concours avait été prorogé et définitivement fermé le premier juillet 1829.

« purement facultative l'investigation de ces « points secondaires.

« J'ose espérer, Monsieur, de votre obli- « geance ainsi que de votre sollicitude pour tout « ce qui a trait à l'intérêt public, l'insertion de « cette lettre dans l'un des plus prochains nu- « méros de votre Journal, et je vous prie de « recevoir l'assurance de la considération très- « distinguée avec laquelle j'ai l'honneur d'être, « etc.,

« CASIMIR PERRIER. »

Cet appel seul suffirait pour justifier cette seconde émission ; toutefois, il ne faut pas se le dissimuler, dépouiller les lois hypothécaires du prestige qui les couvre, c'est répandre l'alarme, le trouble et l'incertitude parmi les détenteurs d'immeubles et les créanciers hypothécaires : aussi j'avais, pendant quelque temps (jusqu'au mois d'août dernier), hésité, par cette considération puissante, à publier le Mémoire que j'avais adressé à M. Casimir Perrier (1). Ce ne fut

(1) En lui faisant subir quelques modifications de distribution, j'ai publié ce Mémoire sous le titre suivant : *Des Vices du régime hypothécaire en France, d'après lesquels les prêteurs sur hypothèque et les acquéreurs d'immeubles n'obtiennent qu'une garantie illusoire : suivis de Vues propres à établir un nouveau système sur la transmission des propriétés foncières.*

qu'après avoir acquis la conviction intime que le mal que pourraient produire mes faibles essais n'aggraverait en rien la position fâcheuse où se trouvent les acquéreurs et les prêteurs, les vendeurs et les emprunteurs, puisque déjà l'éveil avait été donné tant par plusieurs publications plus ou moins récentes (1), que par l'état actuel des choses. De même, aujourd'hui, sans inconsidération, je crois pouvoir une seconde fois livrer à la publicité, avec de nombreuses et importantes rectifications, l'ouvrage dont la première édition ne doit être considérée que comme une esquisse, un plan, ou bien, encore mieux, comme une ébauche grossière et informe.

Dans une première partie, j'ai tâché de montrer les erreurs fondamentales dans lesquelles sont tombés les rédacteurs du Code civil à l'égard du système de la translation de propriété et du régime hypothécaire. A ce premier travail j'ai joint un projet de réforme que j'abandonne à la critique et à ses discussions, et qui forme la seconde partie de ce volume.

Je me croirai complètement récompensé de mes labeurs, si j'ai été assez heureux pour indiquer quelques améliorations utiles : mes efforts

(1) Voir à la fin de la Préface la liste des ouvrages publiés, à ma connaissance, sur les Hypothèques.

seront alors couronnés du succès que j'ambitionne.

En terminant cette Préface, qu'il me soit permis non-seulement de réclamer l'indulgence du public pour ma première œuvre, mais encore de m'acquitter d'un devoir, en remerciant publiquement les personnes qui ont eu la complaisance de m'encourager ou de m'adresser des critiques; quelques-unes m'ont paru fondées; j'ai dû y faire droit : tandis que d'autres m'ont semblé contredire l'unité du système que je m'étais imposé. J'ose espérer que, mieux digérée et mieux présentée, cette seconde édition me servira de réponse.

Adolphe Sautayra.

Paris, le 28 juillet 1830.

OUVRAGES

Publiés sur le Titre des Priviléges et Hypothèques du Code civil.

I. Traité des priviléges et hypothèques, par M. Tarrible.

II. Jurisprudence hypothécaire, par M. Guichard. 4 vol. in-8°.

III. Législation hypothécaire, par M. Guichard. 3 vol. in-8°.

IV. Traité des hypothèques, ou Explication du livre 18 du Code civil, par M. Cotelle.

V. Notions élémentaires sur le régime hypothécaire, d'après la loi du 11 brumaire an VII, par M. Hua.

VI. De la nécessité et des moyens de perfectionner la législation hypothécaire, par M. Hua.

VII. Question sur les priviléges et hypothèques, saisies immobilières et ordres, par M. Persil. 2 vol. in-8°.

VIII. Régime hypothécaire, par M. Persil. 2 vol. in-8°.

IX. Traité des priviléges et des hypothèques, par M. Battur. 4 vol. in-8°.

X. De la garantie des créanciers d'après les lois françaises, ou des priviléges et hypothèques, des purges et des surenchères sur aliénations volontaires, des expropriations forcées contre les débiteurs et les tiers détenteurs, et des ordres ou des distributions du prix; par F.-P. Balleroy de Reinville. 2 forts vol. in-8°.

Cet ouvrage important et trop peu connu, dont l'impression était presque terminée en 1812, n'a été livré au public qu'en 1816. La mort de l'auteur et quelques incidens retardèrent sa publication et sont la cause pour laquelle il est si peu répandu.

XI. Traité des hypothèques, par M. le baron Grenier. 2 vol. in-4°.

XII. Traité des priviléges et hypothèques, par M. Vauvillers. 1 vol. in-8°.

XIII. Traité des obligations, des hypothèques et du contrat de mariage, par M. Carrier. 3 vol. in-8.

XIV. Traité complet des contrats et obligations et des priviléges et hypothèques, par A.-S. Danton. 3 vol. in-8°.

XV. Traité des priviléges et hypothèques, par M. Victor Pannier. 1 vol. in-8°.

XVI. Traité des priviléges et hypothèques, par M. Favart. 1 vol. in-8°.

XVII. Traité de l'accomplissement des formalités hypothécaires, par M. Beaudot.

XVIII. Manuel du créancier hypothécaire, par M. Zanotte. 1 vol. in-18.

XIX. Dissertation sur le régime des hypothèques, lue à la bibliothèque des avocats, par M. Hennequin.

A cette liste il faut encore ajouter l'ouvrage de M. Delvincourt, et ce qui se trouve traité dans les cours de droit des MM. Toullier et Duranton; comme aussi dans les divers traités spéciaux sur d'autres matières, tels, par exemple, que le Traité d'usufruit de M. Proudhon.

Le concours ouvert par M. Casimir Perrier a donné naissance à plusieurs ouvrages; je ne connais que celui de M. Decourdemanche, intitulé : *Du danger de prêter sur hypothèques et d'acquérir des immeubles*, ou *Vues d'améliorations du régime hypothécaire et du cadastre combinés entre eux*.

PREMIÈRE PARTIE.

VICES
DE LA
LÉGISLATION FRANÇAISE,
RÉSULTANT DU SYSTÈME
DE LA
TRANSLATION DE PROPRIÉTÉ
ET DU RÉGIME HYPOTHÉCAIRE.

CHAPITRE PREMIER.

APERÇU HISTORIQUE SUR LA LÉGISLATION HYPOTHÉCAIRE.

Lorsque la confiance cessa de présider aux diverses sortes d'engagemens, on demanda des garanties qui en assurassent l'exécution. Telle fut probablement la première cause de l'impignoration, d'abord des meubles, ensuite des immeubles, et enfin de l'affectation de ses propriétés pour l'acquittement d'une dette.

L'obligation non encore exécutée n'atteint les biens du débiteur qu'autant qu'ils sont encore dans ses mains ; elle ne lui enlève pas le pouvoir de les aliéner. Il pourrait donc, par des aliénations successives, soustraire tous ses biens à l'action de ses créanciers ; il leur importe par conséquent beaucoup de s'assurer le moyen de les suivre dans les mains des acquéreurs ; et de plus d'obtenir une préférence sur les créanciers postérieurs. Ce moyen, ils le trouvent dans l'hypothèque, et, d'après le système que nous proposons, dans la possession de tout droit réel.

L'hypothèque n'a jamais été considérée comme une obligation principale ; elle n'est qu'une obligation ou un droit accessoire à un engagement déjà formé ou à un droit déjà constitué. C'est un acte de garantie, et, par conséquent, un acte de défiance de la part de celui qui l'exige. On peut s'en passer, l'étendre, le restreindre, le modifier absolument comme on veut.

Il serait très-important de rechercher l'origine de l'hypothèque pour déterminer l'influence morale de la civilisation ; ainsi, par exemple, est-il vrai qu'on ne la trouve établie chez les différens peuples que lorsqu'on fut obligé de graver ou d'écrire les lois ?

S'il est incontestable que l'hypothèque est un acte de méfiance, il ne m'est pas certain que son introduction soit la cause du discrédit de la promesse d'un obligé ; encore moins que l'époque où l'on crut devoir offrir au peuple la publicité des lois, ou par le secours de l'écriture ou par celui de la gravure, soit le premier indice de la mauvaise foi sur la terre. Les lois me paraissent faites pour éviter des discussions frauduleuses ; et, si elles-mêmes ont plus d'une fois fourni matière à des chicanes empreintes du cachet hideux de la mauvaise foi la plus insigne, ce n'est pas un argument propre à établir qu'elles en sont la cause première. A mon avis, les signes employés pour faire connaître la loi à tout le monde ne peuvent être considérés comme le premier indice de la mauvaise foi, pas plus que la loi elle-même : c'est un moyen de fixer son existence à telle époque ; mais, certes, elle est préexistante et à la loi et à l'application de la gravure ou de l'écriture pour reproduire la loi aux yeux de tous.

La loi a pu avoir pour but de maîtriser la mauvaise foi, comme aussi l'écriture et la gravure ont dû être employées, non-seulement pour rendre publiques les dispositions de la loi, mais encore pour arrêter les effets d'une frauduleuse interprétation de ses termes.

§ I. *De l'hypothèque chez les Grecs.*

Chez les Grecs, on donnait ou la possession de l'immeuble engagé ou seulement un droit sur tel héritage. Dans ce dernier cas, le débiteur n'était pas dépossédé, mais seulement il ne pouvait aliéner la propriété qu'avec la charge dont elle était grevée au profit du créancier ; à cet effet, on plaçait sur l'objet hypothéqué de petites colonnes chargées d'inscriptions qui rappelaient les obligations dont il était affecté. Par ce moyen, on rendait publique la mesure du crédit de l'emprunteur ; le créancier avait toujours le droit d'exiger l'acquittement de sa créance, de sorte que les hypothèques ne pouvaient être que temporaires.

§ II. *De l'hypothèque chez les Romains.*

A l'imitation des Grecs, les Romains hypothéquaient avec ou sans la possession de l'objet; dans ce dernier cas, l'hypothèque était plus souvent spéciale que générale, mais ce n'était que rarement qu'elle n'était pas occulte. Aussi le débiteur pouvait-il facilement tromper ses créanciers. Toute espèce de biens était susceptible d'hypothèque, meubles et immeubles. Elle se constituait par la tradition; d'où résultait bien un certain degré de publicité; mais leur usage devint si fréquent qu'on se relâcha successivement de la première rigueur du droit : un simple pacte suffit alors. Ainsi un débiteur obéré trouva encore les moyens d'emprunter, et le bailleur de fonds n'eut réellement plus aucune garantie certaine. Le défaut de publicité l'avait rendue illusoire, et l'on crut en quelque sorte la rétablir par l'introduction de lois pénales contre les stellionataires.

Certaines créances auxquelles les Romains avaient attaché un droit de préférence à raison de leur qualité favorable, vinrent encore troubler la sécurité des créanciers. Telles étaient les créances résultant des frais de justice pour la conservation des biens des débiteurs; des honoraires des médecins, pendant la dernière maladie; des frais funéraires; des frais de transport et de voiture sur les objets mêmes; des frais de dépôt sur les choses déposées.

§ III. *De l'hypothèque en France avant la révolution de* 1789.

En France, les coutumes de quelques provinces du nord consacrèrent le principe de la publicité des hypothèques, résultant, selon les unes, du nantissement, selon les autres, de l'ensaisinement ou inféodation et de l'investiture (1) ; mais la généralité, et surtout les provinces régies par le droit écrit, ne consentirent que des hypothèques occultes, dont le résultat était qu'à l'expropriation le créancier s'apercevait trop tard qu'il était victime de la garantie qu'il avait cru trouver dans une hypothèque.

De même qu'à Rome, par des raisons d'humanité, d'équité et d'ordre public, certaines créances étaient privilégiées ; mais les priviléges furent en bien plus grand nombre qu'à Rome ; aussi y eut-il encore moins de garantie.

On suivait en général les règles tracées par le droit romain, auxquelles l'usage fit introduire de nombreuses et capitales exceptions. Ainsi certains engagemens produisirent hypothèque malgré le débiteur : telles étaient les hypothèques légales et judiciaires,

(1) On pratiquait des formes simples ; le créancier faisait transcrire son titre au greffe de la situation des biens de son débiteur. Dès-lors tous les biens de cet arrondissement étaient grevés à son profit ; c'était une main mise, une véritable installation de l'hypothèque sur l'immeuble. L'hypothèque tirait sa sûreté de la publicité ; car les greffes étaient publics ; et, quand le propriétaire montrait ses biens, le greffe montrait ou leur franchise ou leurs charges.

qu'un auteur distingué, mais peu connu, Balleroy de Reinville, appelle hypothèques adultères.

Dès le quinzième siècle, l'hypothèque se trouva légalement établie, sans stipulation formelle, par le seul fait de l'authenticité du titre, c'est-à-dire que, par cela seul qu'on avait consenti une obligation par acte authentique, on avait affecté ses immeubles pour sûreté de son entière exécution; de là généralité et clandestinité.

On déclara que les meubles n'auraient pas de droit de suite par hypothèque, dans le cas où ils sont hors la possession du débiteur. La plupart des provinces comprirent bien que ce n'était pas retirer aux créanciers la garantie qu'ils avaient sur les meubles des débiteurs, mais qu'on restreignait l'hypothèque sur les meubles au droit de priorité. C'était éviter de mettre le trouble dans la possession des tiers de bonne foi. Pour les autres provinces, elles considérèrent que la loi, qui statuait que *les meubles n'ont pas de suite par hypothèques*, abrogeait l'hypothèque générale sur les meubles. Ainsi le créancier perdit l'avantage de l'affectation générale et occulte sur les meubles, quoique non aliénés.

Des abus intolérables réclamaient impérieusement qu'on fît des améliorations; il y en eut quelques-unes d'utiles, mais on ne détruisit pas le mal dans sa racine, en conservant la généralité et la non-publicité des hypothèques.

Le nantissement féodal ou coutumier donnait bien une espèce de publicité; car l'ensaisinement ou inféodation, de même que l'investiture, était une véritable tradition, dont l'effet était de consolider la possession entre les mains de l'acquéreur. Par un édit de 1533, Henri II tenta d'établir la publicité des hypothèques; il ordonnait l'enregistrement de tous les actes : or, loin de remédier aux désordres du droit coutumier, il les étendit par sa généralité. Cet édit ne pouvait produire aucun effet utile relativement aux hypothèques; aussi fut-il révoqué, à cet égard seulement, par Charles IX, au mois de janvier 1560. Quelques années avant, en 1551, Henri II avait donné un édit des criées, qui est demeuré en vigueur jusqu'à la révolution; antérieurement, les ventes faites par autorité de justice mettaient l'adjudicataire à l'abri de toute éviction; mais, après l'édit, les décrets étaient susceptibles d'éprouver trois sortes de réclamations sous le nom générique d'opposition : 1° à fin de nullité; 2° à fin de distraire; 3° à fin de charge.

Prétextant la publicité, Henri III ordonna, par un édit de 1581, que *tous contrats fussent contrôlés et enregistrés; autrement, que l'on n'acquerrait point le droit de propriété ou d'hypothèque sur les héritages.* Cet édit était plus fiscal qu'il ne rendait les hypothèques publiques. Il fut révoqué par un autre de 1588. Cependant le contrôle ayant eu d'heureux effets, Henri IV l'établit en Normandie par une déclaration de 1606.

La clandestinité des hypothèques entraînait de si graves abus que Sully fait le vœu, dans ses Mémoires, « qu'aucune personne de quelques condition et qua-

« lité qu'elle puisse être, n'eût pu emprunter sans « qu'il fût déclaré quelles dettes pouvait avoir déjà « l'emprunteur, à quelles personnes, sur quels biens. »

Par un édit de 1627, Louis XIII rendit le contrôle commun à toute la France ; par là des abus furent réprimés, mais on n'en extirpa point la racine. Parut alors, au mois de mars 1673, le célèbre édit de Louis XIV, portant établissement des greffes et enregistrement des oppositions pour conserver la préférence aux hypothèques ; c'était un moyen d'arriver à un certain degré de publicité, si d'ailleurs il n'eût pas fourmillé de vices plus formidables que ceux que l'on voulait réprimer. Aussi l'année suivante, un nouvel édit vint anéantir cet avorton législatif, rédigé avec une si inconcevable légèreté, que l'on serait presque tenté de douter s'il a été fait à cette époque. N'ayant pu rendre les hypothèques publiques, Louis XIV, en lui faisant subir quelques modifications utiles, confirma, par un édit de 1693, l'institution du contrôle dont l'effet, relativement aux hypothèques, était uniquement d'empêcher les antidates. Il maintint l'insinuation, et même, en 1703, il l'étendit à toute espèce d'acte.

Pendant plus d'un demi-siècle, le législateur ne fit aucun changement; enfin l'édit de juin 1771, malgré les nombreuses réclamations auxquelles donnèrent lieu ses imperfections et les abus qu'il laissait subsister, apporta quelques améliorations. En effet, on vit disparaître les décrets volontaires (1); l'acquéreur

(1) C'était une voie oblique pour purger une propriété. Dans la même forme que les décrets de justice, on expropriait le pro-

paya avec sécurité le prix de la vente, en rendant publie son titre d'acquisition et en obtenant des lettres de ratification qui purgeaient les hypothèques et auxquelles les créanciers avaient droit de s'opposer. Il fut permis de surenchérir sur le prix de la vente, pour éviter toute espèce de collusion; mais cependant on laissa subsister les formes dévorantes des saisies réelles. Cette loi ne changea en rien la position des créanciers hypothécaires; de même qu'auparavant, ils ne connaissaient qu'à l'ouverture de l'ordre s'ils seraient ou non payés, puisque l'hypothèque ne prenait pas jour de l'opposition; aussi cet édit ne fut-il pas enregistré dans les provinces appelées *pays de nantissement* (1), parce que la publicité parut être aux membres de ces parlemens le principe fondamental de toute loi hypothécaire. Cette loi incomplète ne remplissait bien qu'un seul objet, celui de faciliter la vente des immeubles.

§ IV. *De l'hypothèque en France pendant la révolution de 1789.*

L'édit de 1771, faible, imparfait, obéi ici, méconnu ailleurs, devait faire place à une loi générale. La con-

priétaire en vertu d'actes notariés faussement causés; le propriétaire malgré le titre, n'étant pas le débiteur de celui qui poursuivait l'expropriation.

(1) Dans la Bretagne, le Roussillon, l'Alsace, l'Artois et la Flandre, dont le Parlement fit des remontrances ainsi conçues : « Elles sont (les formes du nantissement) regardées comme « le chef-d'œuvre de la sagesse, comme le sceau, l'appui et

vention se crut appelée à satisfaire ce vœu, ce besoin, et le 9 messidor an III, elle décréta une loi hypothécaire, qu'elle faisait servir à un monstrueux système de finance. Le papier-monnaie était en plein discrédit, et l'argent était enfoui; on eut l'idée, sinon extravagante, du moins extraordinaire, de mobiliser les propriétés foncières et de les mettre en circulation à l'aide d'effets à ordre qu'on appelait *cédules hypothécaires*, en établissant une hypothèque sur soi-même.

Cette loi inspira la défiance et le découragement; aussi le corps législatif prorogea sans cesse l'époque par trop redoutable de sa mise en activité, de telle sorte qu'elle n'a jamais été obligatoire ni exécutoire. Elle a été modelée, mais n'a pas reçu la vie.

Néanmoins, écartant le système de mobilisation, on s'aperçoit que le législateur désirait établir en principe la publicité de l'hypothèque consentie par un tiers. On laissait au créancier la libre faculté de faire inscrire son titre partout où il le jugerait convenable, même dans les arrondissemens où le débiteur n'avait aucune propriété territoriale. L'hypothèque cessa d'être indéfinie, et n'eut d'effet que pour l'inscription. Cette loi ne conserva des priviléges que les contributions foncières, le prix dû au bailleur foncier et les frais de récolte.

Enfin parut la célèbre loi du 11 brumaire an VII,

« la sûreté des propriétés, comme un droit fondamental dont l'u-
« sage a produit, dans tous les temps, les plus heureux effets et
« a établi autant de confiance que de facilité dans les affaires que
« les peuples belges traitent entre eux. . . . . »

émise à une époque où les esprits étaient plus calmes ; l'hypothèque y fut réduite à ses élémens naturels ; des règles simples établirent le moyen de l'acquérir, de la conserver, de payer et d'exproprier à défaut de paiement. Le législateur posa d'abord en principe que l'hypothèque serait spéciale et rendue publique par l'inscription sur des registres ouverts à tout le monde. Les actes d'acquisition ou d'emprunt furent soumis à cette formalité. L'hypothèque ne prit rang que par l'inscription, qui fut aussi nécessaire pour conserver les priviléges sur les immeubles que cette loi rétablit. Aucune hypothèque ne fut ni occulte ni générale, mais il était permis par des inscriptions ultérieures de faire porter l'hypothèque sur les biens acquis postérieurement. Sous ce régime hypothécaire, le créancier eut une garantie plus suffisante que celle dont il avait joui avant et depuis le Code civil. En général, il ne pouvait s'imputer qu'à lui-même d'avoir contracté avec un insolvable, et, sous plus d'un rapport, l'on peut dire que le législateur avait atteint le but qu'il s'était proposé.

CHAPITRE II.

VICES DU SYSTÈME DE LA TRANSLATION DE PROPRIÉTÉ DU CODE CIVIL.

Après avoir tout détruit, tout dispersé, jurisconsultes, doctrines, parlemens, jurisprudence, avocats, traditions, coutumes, droit écrit, la révolution de 1789 sentit le besoin d'édifier; elle réclamait impérieusement des innovations. Aussi, dans les divers essais législatifs, les jurisconsultes non-seulement perdirent-ils l'initiative, mais même toute participation importante à la création d'une nouvelle législation, de laquelle étaient bannis tout retour vers le passé et toute espèce de science, même les mots qui pouvaient rappeler quelque chose de l'antiquité.

Les premières tourmentes publiques apaisées, on parvint à créer le Code civil, non sans beaucoup d'opposition; il fallut une volonté forte, impérieuse, qui bâillonnât les dissidens.

Avec M. Lerminier (1), nous dirons que la législation qui nous régit a eu principalement pour base l'élément politique, et qu'il y a presque absence totale de l'élément scientifique. Pour sa philosophie, elle est

(1) Introduction générale à l'Histoire du droit; par M. E. LERMINIER, docteur en droit, avocat à la Cour royale, p. 288.

spiritualiste, tant est puissant l'empire de la raison.

En effet, n'est-il pas incontestable qu'aucun législateur ne peut créer ni la propriété ni l'obligation ; il les sanctionne, il les conserve; car c'est la raison, c'est la conscience qui commandent autant aux législateurs qu'aux peuples. Ce n'est pas la loi qui enfante le droit, qui lui est préexistant; le but du législateur, en émettant une loi, est de revêtir le droit de formes propres à le mettre en exécution.

L'un des principaux reproches et des plus fondés que l'on puisse faire aux rédacteurs du Code civil, dans leur trop hâtive création, est l'absence totale d'un système uniforme, provenant et de la publication par titre, et surtout de la diversité des opinions des rédacteurs, dont les uns étaient de pays de coutumes, tandis que les autres étaient de pays de droit écrit, quoique à regret on y aperçoive presque partout une influence trop marquée de la coutume de Paris. Telle nous paraît être l'une des principales causes pour laquelle on rencontre si peu d'harmonie entre les diverses dispositions du Code civil; car, il faut l'avouer, il a été formé de pièces et de morceaux; un système a été suivi, puis abandonné, repris et encore délaissé: aussi, serait-ce en vain qu'on voudrait y trouver une unité de doctrine.

Le vice de la translation de propriété du Code civil vient de ce que le législateur a confondu l'obligation en elle-même avec son effet et son exécution. En effet on le voit poser une règle bientôt détruite par des exceptions qui elles-mêmes sont contredites par d'autres règles; de là, difficulté dans l'interprétation comme dans l'application; car on ne peut établir de principes qu'on ne puisse contester par l'esprit et la lettre même de la loi. Quelques exemples ne seront pas inutiles pour confirmer l'opinion que nous venons d'émettre.

L'article 711 nous enseigne que l'effet seul d'une obligation transfère la propriété, et non sa formation ou son exécution; cependant il nous semble que le législateur ne peut pas plus détourner l'effet d'une obligation ou lui attribuer des résultats plus étendus, que créer l'obligation elle-même; sa puissance se borne à la revêtir d'une forme.

En conséquence, il est vrai de dire que l'obligation est parfaite par le seul consentement, puisque le consentement est la base essentielle de toute obligation; il la précède toujours, ou plutôt il y a simultanéité entre la formation de l'obligation et l'émission du consentement.

L'obligation, une fois formée, ne peut ni ne doit transférer la propriété par cela seul; elle ne donne naissance qu'à une action personnelle, en vertu de laquelle le débiteur est contraint d'exécuter son engagement : tel est l'effet de toute obligation.

La translation de propriété ne peut s'opérer que par l'exécution de l'obligation, qui est la livraison, la mise en possession. Il est vrai qu'à l'égard de certaines obligations, elles n'existent réellement qu'autant que la livraison de l'objet qui en est la cause a été opérée, comme, par exemple, dans le prêt, dans le dépôt; car alors on peut dire que l'obligation ne produit un effet qu'après qu'elle a été exécutée de la part de l'un des contractans.

Nul doute que l'inexécution d'une obligation peut et doit, suivant les circonstances, se résoudre en dommages et intérêts.

Tels nous paraissent être les véritables principes qui régissent les obligations ; ils sont immuables. Le Code civil, en les méconnaissant parfois, a été obligé de déclarer que la chose ne dépérissait pas pour le propriétaire, même quand elle aurait péri par cas fortuit.

L'article 1138 porte :

« L'obligation de livrer la chose est parfaite par le « seul consentement des parties contractantes. »

Rien de plus juste et de plus vrai ; l'obligation est parfaite, en un mot, elle existe ; le consentement lui a donné la vie.

Mais le même article 1138 ajoute :

« Elle rend le créancier propriétaire et met la chose « à ses risques, dès l'instant où elle a dû être livrée, « encore que la tradition n'en ait point été faite, à « moins que le débiteur ne soit en demeure de la li- « vrer ; auquel cas la chose reste aux risques de ce « dernier. »

Le législateur commence par déclarer qu'au moment où la chose a dû être livrée, il y a eu translation de propriété, encore bien que l'obligation ne soit pas exécutée, puisqu'il n'est pas nécessaire que la livraison ait eu lieu. Ainsi, d'après cet article, le principe est que, dès ce moment, il y a eu translation de propriété, et que par conséquent la chose est aux risques et aux périls des créanciers. Voilà qui est clair.

Cependant on se hâte de faire une exception pour le cas où le débiteur aurait été mis en demeure. Alors la propriété n'a jamais été transférée ; le débiteur est toujours resté propriétaire.

Pourquoi cette différence, pourquoi la chose ne reste-t-elle pas aux risques du créancier, qui est devenu propriétaire au moment où la chose a dû être livrée? Certes, le débiteur n'aura pas été mis en demeure avant que l'on eût la certitude s'il livrerait ou s'il ne livrerait pas. Ainsi, d'après l'article 1138 lui-même, il y aura translation de propriété suivant la volonté de l'une des parties contractantes ; car, avant que le créancier n'ait mis son débiteur en demeure, il était lui-même propriétaire ; mais, par son fait personnel de mettre son débiteur en demeure, il lui a de suite rétrocédé la propriété.

D'où l'on doit conclure que l'instant où la chose doit être livrée est ou n'est pas le moment où s'opère la translation de propriété : car il faut bien convenir que la chose doit périr pour le propriétaire de cette chose, et non pour celui qui n'en a que la garde ; s'il en mésuse, s'il ne veille pas à sa conservation en bon père de famille, il sera condamné à des dommages et intérêts ; mais si c'est sa propre chose, elle périt pour lui, et s'il s'est obligé à la livrer, alors vient s'appliquer la règle que toute obligation de livrer qui n'est pas exécutée peut se résoudre en dommages et intérêts.

Bien plus, adoptant le principe de l'article 1138, on est amené à conclure que dans les contrats réels, dans le prêt de consommation, ou à intérêt, par exemple, la translation de propriété est opérée avant la livraison dans le prêt à usage ou dans le dépôt, la garde des objets prêtés ou déposés est confiée à l'emprunteur ou au dépositaire aussi avant la livraison; puisque, dès l'instant où la chose a dû être livrée, l'obligation a été exécutée: en effet, la perte de la chose serait à la charge, non du débiteur, mais bien du créancier, suivant la disposition de l'article 1138.

Trois articles plus loin, ce ne sont plus les mêmes principes qui régissent les obligations. L'article 1141 nous dit impérativement que ni la formation, ni l'effet, mais bien l'exécution d'une obligation transfère la propriété; ainsi ce n'est donc plus au moment où elle a dû être livrée, comme dans l'une des hypothèses de l'article 1138, mais seulement au moment que la chose a été livrée, que le créancier en est devenu propriétaire. C'est ce qui résulte évidemment de ces expressions;

« Si la chose qu'on s'est obligé de donner ou de « livrer à deux personnes successivement est purement mobiliaire, celle des deux qui en a été mise « en possession réelle est préférée et en demeure propriétaire, encore que son titre soit postérieur en « date, pourvu toutefois que la possession soit de « bonne foi. »

La translation de propriété n'ayant pas une base certaine dans notre Code civil, il est difficile de savoir si le paiement par erreur est ou n'est pas translatif de propriété; de là, si l'on doit agir en vertu d'une action personnelle ou d'une revendication. L'article 1379 dit :

« Si la chose induement reçue est un immeuble « ou un meuble corporel, celui qui l'a reçue s'oblige « à la restituer en nature si elle existe, ou sa valeur « si elle est périe ou détériorée par sa faute ; il est « même garant de sa perte par cas fortuit, s'il l'a « reçue de mauvaise foi. »

Ainsi celui qui, de bonne foi, a reçu une chose qu'il croyait qu'on lui devait, n'en est même pas devenu propriétaire ; on pourra agir contre lui en vertu d'une action réelle, si la chose existe en bon état : c'est la meilleure position dans laquelle il puisse se trouver ; car si la chose est périe ou détériorée par sa faute, il en doit la valeur, sans qu'on ait égard au droit qu'il a dû avoir d'en user à sa guise, puisqu'il était dans la croyance qu'on s'était libéré envers lui. Celui qui, de mauvaise foi, a reçu une chose qu'on ne lui devait pas, est bien plus avantagé; car il ne souffre de plus que la perte de la chose arrivée par cas fortuit.

Il est vrai de dire toutefois qu'en vertu de l'article 555, le possesseur de bonne foi pourra n'être pas condamné à la restitution des fruits : faible avantage en compensation de ce qu'il peut être lésé à cause de la négligence qu'il aura apportée dans la gouverne de ses propres affaires, si la chose est périe ou détériorée par sa faute ; car, encore une fois, il se croyait propriétaire de la chose inducment reçue.

Celui qui a induement payé court bien moins de chance que celui qui a induement reçu ; car, d'après l'article 1381, il doit tenir compte, lorsque la chose lui est restituée, seulement de toutes les dépenses utiles et nécessaires qui ont été faites pour la conservation de la chose, tant au possesseur de bonne foi qu'au possesseur de mauvaise foi. Ne serait-il pas juste qu'il ne profitât des améliorations que pourrait avoir faites le possesseur de bonne foi, puisqu'il peut réclamer de lui la valeur de l'objet péri ou détérioré par sa faute, le plus souvent parce qu'il ne croyait pas devoir rendre compte de ses actions à un autre.

L'article 1379 nous semble en opposition formelle avec l'article suivant, ainsi conçu :

« Si celui qui a reçu de bonne foi a vendu la chose,
« il ne doit restituer que le prix de la vente. »

De telle sorte que s'il a aliéné une chose détériorée ou périe en partie, il ne devra que le prix de la vente, qui certes ne représentera pas la valeur de l'objet dans son état primitif.

D'après ces articles, le possesseur de bonne foi ne court pas la chance d'être lésé, lorsque la chose existe entre ses mains sans détérioration survenue par sa faute, ou bien, ce qui est plus facile, s'il a vendu l'objet, car alors le prix sera la seule chose que pourra réclamer celui qui a induement payé.

Nous avons vu que, d'après l'article 1138, la propriété était transférée du moment où la chose avait dû être livrée; dans la vente il n'en est pas ainsi, quoique ce ne soit qu'une obligation de livrer. L'article 1583 est ainsi conçu :

« Elle est parfaite (la vente) entre les parties, et la
« propriété est acquise de droit à l'acheteur à l'égard

« du vendeur, dès qu'on est convenu de la chose et
« du prix, quoique la chose n'ait pas encore été livrée,
« ni le prix payé. »

L'article 1614 corrobore ce principe en ces termes :

« La chose doit être délivrée en l'état où elle se « trouve au moment de la vente. »

« Depuis ce jour, tous les fruits appartiennent à « l'acquereur. »

Ce n'est ici ni l'effet, ni l'exécution ou l'époque de l'exécution de l'obligation qui transfère la propriété, c'est la formation de l'obligation ; le consentement devient translatif de propriété. Ainsi l'acheteur est le véritable propriétaire de l'objet dont il n'est pas nanti ; bien plus, il ne doit pas l'être encore, car la vente peut se faire à terme ou sous condition.

S'il y a dans ces deux articles une opposition bien caractérisée avec l'article 1138, combien ne sera-t-elle pas plus patente avec l'article 1141, qui ne rend propriétaire d'un objet mobilier que celui qui en a été mis en possession, pourvu qu'elle soit de bonne foi.

L'obligation ne peut produire des effets divers. Elle ne peut transférer la propriété à l'égard des parties contractantes, et ne pas la transférer à l'égard des tiers. L'effet d'une obligation est un, il engendre une action personnelle par le moyen de laquelle le débiteur est contraint d'exécuter ce à quoi il s'est obligé ; de telle sorte qu'il devient inutile de distinguer les personnes pour savoir si la propriété a été ou non transferée.

Après avoir érigé en principe, dans l'article 1583, que la vente transférait la propriété, les rédacteurs du Code civil ont de suite introduit une exception dans l'article 1585, ainsi rédigé :

« Lorsque des marchandises ne sont pas vendues en « bloc, mais au poids, au compte ou à la mesure, la « vente n'est point parfaite, en ce sens que les choses « vendues sont aux risques du vendeur jusqu'à ce « qu'elles soient pesées, comptées ou mesurées ; mais « l'acheteur peut demander ou la délivrance ou des « dommages et intérêts, s'il y a lieu, en cas d'inexé- « cution de l'engagement. »

Ici le législateur est revenu aux véritables principes qui régissent toutes les obligations ; la vente existe ; tel est l'effet du consentement : aussi n'attribue-t-il au créancier qu'une action personnelle qui lui fera obtenir ou des dommages et intérêts, ou l'exécution de l'obligation, la délivrance. Toutefois, il se hâte de revenir à sa première règle dans l'article suivant qu'on va lire.

« Si au contraire, les marchandises ont été vendues « en bloc, la vente est parfaite, quoique les marchan- « dises n'aient pas encore été pesées, comptées ou me- « surées. »

Ainsi, de nouveau le créancier est propriétaire, et la chose périt pour lui dès l'instant où la vente a été formée. Car le simple consentement rend la vente parfaite, qui elle-même transfère la propriété.

Cependant la force de la vérité a été si puissante, que les auteurs du Code civil ont souvent été obligés de contredire les règles qu'ils avaient adoptées. Telle est la disposition de l'article 1610 ainsi conçu :

« Si le vendeur manque à faire la délivrance dans « le temps convenu entre les parties, l'acquéreur « pourra, à son choix, demander la résolution de la « vente, ou sa mise en possession, si le retard ne « vient que de la faute du vendeur. »

Comment le vendeur pourrait-il demander la résolution de la vente, si réellement il était propriétaire de l'objet vendu, ainsi que le proclame l'article 1583; il n'aurait qu'une action réelle à intenter la revendication. Bien plus, l'article 1612 nous enseigne que le vendeur n'est pas tenu de livrer la chose, si l'acheteur n'en paie pas le prix, à moins que le vendeur lui ait accordé un délai pour le paiement. Il n'y a donc pas eu translation de propriété par la vente; car, encore une fois, l'acquéreur pourrait agir par la révendication, tandis qu'il n'oppose une exception qu'à une action personnelle, la demande en délivrance.

Dans le même esprit et d'après les mêmes principes a été rédigé l'article 1613 dont voici les termes :

« Il ne sera pas non plus obligé (le vendeur) à la « délivrance, quand même il aurait accordé un délai « pour le paiement, si, depuis la vente, l'acheteur est « tombé en faillite ou en état de déconfiture, en sorte « que le vendeur se trouve en danger imminent de « perdre le prix, à moins que l'acheteur ne lui donne « caution de payer au terme. »

De même que dans la vente et contrairement à l'article 1138, le législateur a décrété que la translation aurait lieu dans les donations entre-vifs, lorsque le donataire l'aura acceptée; c'est ce qui résulte de l'article 938 rédigé en ces termes :

« La donation dûment acceptée sera parfaite par le « seul consentement des parties, et la propriété des « objets donnés sera transférée au donataire, sans qu'il « soit besoin d'autre tradition. »

L'obligation est parfaite en ce sens que le donateur est contraint de donner et le donataire obligé de recevoir et d'acquitter les charges de la donation; mais comment décider que la propriété est transférée quand on lit l'article 941 ainsi conçu :

« Le défaut de transcription pourra être opposé « par toutes personnes ayant intérêt, excepté toute- « fois celles qui sont chargées de faire faire la tran- « scription, ou leurs ayant cause et le donateur. »

Ainsi donc la propriété est et n'est pas transférée au donataire; elle le sera à l'égard de l'obligé et ne le sera pas à l'égard des tiers; car, pour l'être alors, le législateur est revenu aux véritables principes, qui veulent que la tradition seule, qui est l'éxécution de l'obligation, soit translative de propriété. Encore une fois, l'effet d'une obligation est un; il engendre une action personnelle par le moyen de laquelle le débiteur est forcé d'éxécuter son engagement; pourquoi faudrait-il distinguer les personnes pour savoir si la propriété a été ou n'a pas été transférée. Si la translation de propriété a eu lieu à l'égard du vendeur et du donataire, ne doit-elle pas aussi avoir eu lieu à l'égard du tiers. Une même cause ne doit pas produire des effets différens.

Dans la donation comme dans la vente, les rédacteurs du Code civil ont voulu établir en principe que le consentement seul suffisait pour transférer la propriété; mais ils ont reculé devant les conséquences. De telle sorte que le principe qui devrait être la règle générale ne s'applique que dans un seul cas, c'est-à-dire à l'égard des contractans; pour ce qui concerne les tiers, ils ont été obligés de revenir aux vrais principes de la matière, qui veulent que la translation de propriété ne s'opère qu'à l'instant même où la chose a été livrée, c'est-à-dire au moment où l'obligation est exécutée.

Tel est le résultat de la confusion de l'obligation et de son exécution, dans la vente, dans la donation comme dans toute obligation formée dans le but de transférer la propriété; la translation ne peut être l'effet de la formation de l'obligation, car alors elle conférerait au créancier une action réelle, la revendication; tandis qu'une obligation n'engendre qu'un simple droit personnel, et par suite une action personnelle, la *condiction*. La translation de propriété est la fin que l'on se propose quand on intente une action personnelle, qui est l'effet de l'obligation, c'est-à-dire, de sa formation, de son existence; mais elle n'a et ne peut avoir lieu qu'à l'instant même où l'obligation est exécutée. Ainsi la translation est un fait qui détruit, anéantit l'obligation, puisque tel était le but pour lequel elle avait été créée; mais elle ne peut être l'effet spontané de la création de l'obligation, puisqu'elle préjudicierait aux tiers, sans qu'ils aient un moyen d'en prévenir les suites.

Lorsque le législateur établissait en thèse générale, dans l'article 1138, de quelle manière la translation de propriété devait avoir lieu, il n'était pas encore arrêté sur la manière dont devait se transmettre la propriété des immeubles. L'article 1140 porte :

« Les effets de l'obligation de donner ou délivrer « un immeuble sont réglés au titre *de la vente* et au « titre *des priviléges et hypothèques*. »

Nous avons déjà vu par les articles relatifs à vente, combien le législateur s'était écarté, à l'égard des meubles, du principe qu'il avait posé dans l'article 1141, et qu'il a reproduit en plusieurs endroits et, entre autres, dans l'article 2279 en ces termes : *En fait de meubles, la possession vaut titre*. Pour ce qui concerne les immeubles, les articles du titre de la vente qui ont rapport à la translation de propriété, tout en étant en opposition avec l'article 1138, n'établissent aucune différence entre la translation de propriété d'un meuble et celle d'un immeuble : la vente, comme ses effets, sont traités en général. L'article 1140 précité ne renvoie donc réellement qu'au titre des priviléges et hypothèques, où nous trouverons de quelle manière se transmet la propriété des immeubles, dans les articles 2181 et 2182 (1) dont voici les termes :

(1) Quelques personnes prétendent que ces articles ne sont applicables que pour purger les hypothèques, mais qu'ils ne décident nullement que la translation de propriété soit le résultat de la transcription; elles soutiennent que le consentement seul transfère la propriété; d'où il faut conclure alors que la vente de la chose déjà vendue est nulle, puisqu'on a vendu la chose d'autrui. Ainsi le premier acquéreur qui n'a pas fait transcrire son titre est préféré

« Les contrats translatifs de la propriété d'immeu-
« bles ou droits réels immobiliers, que les tiers dé-
« tenteurs voudront purger de priviléges et hypothè-
« ques, seront transcrits en entier par le conservateur
« des hypothèques dans l'arrondissement duquel les
« biens sont situés.

« Cette transcription se fera sur un registre à ce
« destiné, et le conservateur sera tenu d'en donner re-
« connaissance au requérant.

« La simple transcription des titres translatifs de
« propriété sur le registre du conservateur, ne purge
« pas les hypothèques et priviléges établis sur l'im-
« meuble.

« Le vendeur ne transmet à l'acquéreur que la pro-
« priété et les droits qu'il avait lui-même sur la chose
« vendue : il les transmet sous l'affectation des mê-
« mes priviléges et hypothèques dont il était chargé. »

Dans ces deux articles, le législateur proclame le principe qu'il avait adopté à l'égard des meubles dans l'article 1141. La translation de propriété s'opère par l'exécution de l'obligation, c'est-à-dire par la mise en possession, qui, à l'égard des immeubles, n'est autre que la transcription du titre.

Ainsi donc, il est évident que les articles 2181 et

au second acquéreur de bonne foi qui a fait transcrire; il exercera contre lui l'action en revendication.

La jurisprudedce est contraire à cette opinion : nous avons préféré celle qu'enseigne Balleroy de Reinville (tome I, p. 332), qui au moins a l'avantage de ne pas compromettre les droits des tiers-acquéreurs de bonne foi.

2182 sont non seulement contraires à l'article 1138, mais encore aux articles 1583, 1586, 1614, etc., qui veulent que la formation de la vente opère la translation de propriété.

Nous pourrions multiplier les exemples; ceux que nous venons de citer nous semblent suffisans pour montrer sur quel faux principe s'étaient appuyés les rédacteurs du code civil, pour transférer la propriété, et encore plus, combien ils s'en sont écartés dans l'exécution de leur immortel ouvrage, dont malheureusement quelques taches déparent la beauté.

En résumé, sans crainte d'être contredit, on peut dire que les rédacteurs du Code civil n'ont point eu à sa formation de système arrêté sur la translation de propriété. Ils ont décidé pour les cas qui se sont présentés à leur esprit à mesure qu'ils avançaient dans leurs travaux; de là absence d'unité, et par conséquent, fréquentes contrariétés d'articles, tant par l'esprit que par la lettre. Ils ont copié et combiné les œuvres de Pothier, de Domat, de Dumoulin, souvent sans les entendre, quelquefois avec bonheur : aussi point d'ensemble, point de doctrine.

Au lieu d'en agir ainsi, s'ils avaient bien compris l'obligation et son effet, ils auraient senti que lorsque je m'oblige à livrer ou à donner, je demeure propriétaire jusqu'à ce que j'aie exécuté l'obligation que j'ai contractée. Car, avant l'exécution, j'use de l'objet, non au profit d'un autre, mais bien de moi-même, tant qu'il reste en ma possession. Peu importe en effet que je me sois obligé à le livrer ou à le donner. Mais lorsque j'ai exécuté l'obligation, c'est-à-dire lorsque j'ai livré l'objet, alors la translation de propriété a eu lieu, j'ai cessé d'être propriétaire de l'objet, un autre le possède à ce titre.

A la propriété sont attachées des actions réelles : ainsi, quand on transfère la propriété, on cède aussi les actions réelles, c'est la suite du droit absolu qu'on a sur la chose ; tandis qu'au contraire, lorsqu'on a seulement un droit à une chose, c'est-à-dire qu'on est créancier en vertu d'une obligation de livrer, alors on a simplement une action personnelle contre le débiteur pour le contraindre à livrer la chose, c'est-à-dire à opérer la translation de propriété. Cette action, suivant le cas, aura pour fin d'éteindre l'obligation, en condamnant ou non le débiteur en des dommages et intérêts.

Ainsi quand on agit en vertu d'une action réelle, on fait acte de propriétaire ; en sens inverse, toutes les fois qu'on usera d'une action personnelle, ce sera la preuve qu'on n'est pas propriétaire ; mais qu'en vertu d'une obligation, on a l'espérance de le devenir : ce n'est pas la chose qui est obligée, c'est la personne du débiteur.

CHAPITRE III.

VICES DU SYSTÈME HYPOTHÉCAIRE DU CODE CIVIL.

Les rédacteurs du Code civil prirent pour devise *spécialité et publicité des hypothèques*. Ils sont partis d'un principe fécond pour n'en tirer que des conséquences incomplètes et partielles; ils ont sacrifié à des principes secondaires, ou plutôt à l'intérêt qu'inspirent certaines personnes qui, par leur incapacité, soit physique, soit morale, soit temporaire, ne peuvent d'elles-mêmes pourvoir à la conservation de leurs droits, des conséquences fertiles en résultats heureux; de telle sorte qu'on peut dire, sans crainte d'être contredit, que les exceptions ont détruit la règle. En effet, le système hypothécaire qui nous régit a fréquemment pour résultat la *généralité* et la *clandestinité* des hypothèques.

Lors de la discussion au conseil d'état du titre des priviléges et hypothèques, on fit une transaction, comme on en avait déjà fait à l'égard des successions, du contrat de mariage, etc.; chaque rédacteur voulait introduire dans la nouvelle loi la disposition de sa coutume particulière; il y avait un combat perpétuel et à outrance entre le droit coutumier et le droit écrit: de plus, entre les diverses coutumes. Comment de ce conflit d'opinions et de préjugés pouvait-il sortir une œuvre humainement parfaite? On osa trancher toutes les difficultés par l'heureuse idée de consulter les tribunaux : moyen utile, vrai et puissant, car on donnait à la loi nouvelle plus d'autorité morale. Après cela, on devait espérer que la rédaction serait plus claire, plus concise ; que la loi serait un tout homogène, quelle contiendrait une unité de doctrines ; mais, par une fatalité vraiment bien malheureuse, on fit très-rarement cas des avis de ces hommes spéciaux. Par exemple, pour les hypothèques, les cours d'appels, avaient demandé le maintien pur et simple de la loi du 11 brumaire an VII, et nonobstant ce vœu formel, il fut décrété que l'hypothèque serait en partie publique, en partie occulte ; il est pourtant évident qu'en pareille matière, une demi-publicité ne peut être suffisante ; elle inspire une fausse confiance, puisqu'elle ne peut donner une véritable sûreté.

Ainsi formés d'élémens hétérogènes, la loi sur les hypothèques ne devait produire que tourment pour les interprètes, et procès pour les justiciables. En effet, si l'on consulte la jurisprudence, on trouvera que presque la moitié des causes se rattachent directement ou indirectement à des matières hypothécaires.

SECTION PREMIÈRE.

DES CRÉANCIERS CHIROGRAPHAIRES.

Le Code civil, article 2092, nous enseigne que

« Quiconque s'est obligé personnellement est tenu « de remplir son engagement sur tous ses biens mobi- « liers et immobiliers, présens et à venir. »

De ce principe incontestable découle nécessairement cette conséquence insérée dans l'article suivant, que *les biens du débiteur sont le gage commun de ses créanciers*. Mais le législateur a-t-il eu raison d'ajouter : *Et le prix s'en distribue entre eux par contribution, à moins qu'il n'y ait entre les créanciers des causes légitimes de préférence.* Tel ne peut être mon sentiment; il me semble que les créanciers chirographaires ne doivent pas être égaux en droit, puisqu'ils dépendrait du débiteur seul, en multipliant le nombre de ses créanciers, de rendre suffisante et illusoire la garantie que quelques-uns ont cru trouver dans ses biens, qui sont un gage pour eux; car le débiteur conserve toujours la faculté de contracter de nouvelles dettes; or les créanciers postérieurs viennent à tort en concurrence avec les premiers, qui, équitablement, ne devraient pas seulement avoir un droit égal au leur, mais bien un droit de préférence.

En effet, pourquoi n'y aurait-il pas aussi des causes légitimes de préférence entre les créanciers chirographaires, comme il en existe entre les créanciers privilégiés ou hypothécaires? Il est du moins possible, s'il n'est même certain, que le débiteur ne se soit pas simultanément obligé envers tous ses créanciers : parmi ces derniers il en est qui sont antérieurs aux autres. Eh bien, dans le nombre ne peut il pas s'en trouver qui, s'y étant prêtés à telle époque, s'y seraient formellement refusés plus tard, par la raison qu'ils trouvaient le crédit du débiteur trop compromis. Ainsi, il est souverainement injuste d'assimiler le créancier, qui a donné ses fonds à une époque où le débiteur jouissait d'un crédit pour ainsi dire illimité, ou, pour le moins, était encore solvable, avec celui qui, inconsidérément ou dans l'espérance d'un gain exorbitant, aura livré, souvent en connaissance de cause, une somme presque au moment de la déconfiture du débiteur. Autant le créancier le plus ancien mérite d'être protégé, autant le plus récent a peu de droit à la commisération ; ou il a profité de la position fâcheuse du débiteur, ou il a imprudemment contracté ; dans cette alternative, il n'est ni juste ni équitable qu'un tiers soit lésé par la friponnerie ou l'imprudence du prêteur.

Le Code hypothécaire bavarois est plus conforme à la raison ; les créanciers chirographaires sont payés par antériorité de titres ayant date certaine. Il me semble que l'introduction de cette disposition dans les lois françaises ne pourrait qu'être utile, puisque les personnes qui contractent avec des débiteurs obérés seraient les seules qui pourraient être lésées.

SECTION IIe.

DES CRÉANCIERS PRIVILÉGIÉS ET HYPOTHÉCAIRES.

Le législateur a trop étendu la faveur qu'il accordait au privilége, en ordonnant que certaines créances grevassent les meubles et les immeubles au préjudice non seulement des creanciers chirographaires, mais même des créanciers qui avaient un droit à la chose, un véritable droit réel, d'après ses propres expressions, article 2114.

Les priviléges énumérés dans l'article 2101 du Code civil, sont des dettes sacrées; mais, malgré ce caractère respectable, ils ne doivent pas détruire la sécurité de celui qui a acquis un démembrement du domaine. Les frais funéraires, les frais de dernière maladie, les salaires des gens de service, les fournitures de subsistances, forment des créances qui donnent lieu à un privilége qui prend sa base sur l'ordre public; cependant on ne peut leur accorder une faveur excessive : de leur nature, ces créances ont pour garantie les meubles et non les immeubles.

Le Code civil est en contradiction avec son principe; car ne peut-il pas arriver que le débiteur, depuis la création de ces priviléges, ait aliéné ses immeubles, qu'il en ait touché le prix, auquel il a été donné une destination particulière. Viendra-t-on soutenir que, dans cette hypothèse, les créanciers privilégiés généralement, auront le droit d'inquiéter le nouveau propriétaire? Personne ne pourrait avoir cette pensée; il est nécessaire, utile, indispensable même que ces créanciers priment dans la distribution des deniers du débiteur tout créancier chirographaire, et jamais un créancier nanti d'un droit réel.

S'il est vrai que les priviléges généraux sur les meubles ne doivent pas s'étendre sur les immeubles, parce que, par l'inscription hypothécaire, on a démembré le domaine, le législateur a eu le tort au moins aussi grave d'avoir dispensé en général les créanciers privilégiés de prendre inscription, et quand il leur a imposé cette condition, d'attribuer à l'inscription prise pour un privilége un effet rétroactif, de telle sorte que le privilége est toujours occulte pour le tiers.

A l'égard des hypothèques, le vice le plus apparent est celui qui résulte de l'effet des hypothèques judiciaires et surtout de l'introduction des hypothèques légales, en faveur des femmes et des mineurs, dispensées antérieurement de toute inscription, et frappant tous les immeubles indistinctement de la généralité et clandestinité. *Généralité* pour les hypothèques judiciaires et légales; effet tout-à-fait contraire au principe de la spécialité, qui n'existe que dans les hypothèques conventionnelles, et encore quand on n'use pas de la faculté accordée par l'article 2130, de consentir une hypothèque sur les biens à venir, à mesure des acquisitions. *Clandestinité* pour les hypothèques légales au profit des femmes et des mineurs, pour qu'aucun tiers ne puisse les connaître, étant dispensées d'inscriptions; et, malgré ces précautions, les personnes favorisées ne sont même pas en sécurité.

Ainsi, par exemple, la femme mariée, que l'on a cru protéger par la dispense d'inscription, est, par cela même, très-souvent conduite à sa ruine. En effet, le capitaliste refuse de prêter au mari jusqu'à ce que la femme se soit solidairement obligée avec lui. Il résulte de cette obligation, trop souvent souscrite par contrainte, que la femme perd non-seulement ses reprises, mais encore sa fortune éventuelle; et cependant, malgré cela, le prêteur est encore loin d'être assuré; il n'a qu'une garantie précaire, factice. D'un côté il peut exister d'autres hypothèques légales inconnues au prêteur, constituées au profit soit d'un mineur, soit d'un interdit. D'un autre côté, la femme peut s'obliger de nouveau ou s'être déjà obligée. Alors, dans cette seconde hypothèse où une femme aura contracté plusieurs engagemens à différentes époques, excédant sa fortune présente et future, lequel de ses créanciers sera préféré? les fera-t-on venir par contribution, ou bien, comme le veut la jurisprudence, le plus ancien créancier en titre sera-t-il considéré comme premier cessionnaire des droits de la femme? cession qu'aucun des créanciers postérieurs n'a pu connaître; et encore dans ce cas faut-il supposer que le prêteur ne rencontrera sur sa route ni mineur, ni privilégié.

Après avoir déclaré que l'hypothèque était un droit réel, les rédacteurs du Code civil sont tombés dans la même erreur qu'ils avaient commise à l'égard de la translation de propriété. Ils ont confondu l'obligation qui astreint à donner une hypothèque, avec l'exécution de cette obligation, en établissant que l'hypothèque était le résultat d'une convention. En effet, l'hypothèque, prise comme obligation, n'est pas un droit réel, mais un simple droit personnel. Ainsi donc il faut distinguer la promesse d'hypothèque avec l'hypothèque, droit réel, de telle sorte que la loi, les décrets de la justice et les conventions ne doivent donner lieu qu'à une action personnelle, mais ne peuvent transmettre la propriété d'un démembrement du domaine, en un mot, d'un droit réel, comme le veut le Code civil. L'hypothèque n'est réellement constituée, le droit réel n'est vraiment transféré, qu'autant que l'obligation, la promesse a été exécutée; et, pour l'hypothèque, l'exécution résulte uniquement de l'inscription. Aussi aurait-on dû déclarer, comme dans la loi de brumaire, qu'il n'y avait d'hypothèque valable que celle inscrite; alors seulement l'obligation, la promesse d'hypothèque a été exécutée, et le droit réel a été transféré; dès ce moment le domaine a été démembré.

De plus, parmi les vices nombreux de nos lois hypothécaires, il est à remarquer que le législateur du Code civil, et celui du Code de procédure, en perfectionnant l'édit de 1771, ont plus favorisé l'acquéreur que le prêteur. Celui-ci n'a aucun moyen pour engager ses fonds avec sécurité, tandis qu'ils ont tâché de donner toutes les sûretés désirables à ceux qui achèteraient des immeubles.

§ 1. *Du peu de garantie qu'offrent les emprunteurs.*

Selon la législation du Code civil, l'emprunteur ne peut donner à celui qui l'oblige, en lui abandonnant des fonds, une garantie certaine, sans pour cela être de mauvaise foi, puisqu'il peut ignorer les charges qui grèvent ses propriétés. Le législateur n'a indiqué au prêteur aucun moyen qui le mette à même de connaître la mesure du crédit de l'emprunteur. En effet, le prêteur n'a aucune action pour se défendre contre le privilége, non-seulement du précédent propriétaire de la chose vendue, mais encore de tous ceux qui ont précédé, pourvu qu'il ne se soit pas écoulé trente ans. S'il n'a point d'action, a-t-il au moins un moyen prompt et sûr pour connaître ce privilége? Aucun; la loi le dispense d'inscription. Ainsi, il suffit que l'un des propriétaires précédens soit un homme de mauvaise foi, ce qui peut bien arriver parmi les divers possesseurs qui se succèdent dans l'espace de trente ans, pour faire disparaître le gage que le prêteur avait cru trouver dans l'hypothèque en premier ou en second ordre que lui avait consentie son débiteur.

Le privilége d'un légataire, dont l'inscription, quoique prise après celle du prêteur qui a engagé ses capitaux, obtiendra légalement la préférence, diminuera d'autant la garantie que l'on devrait trouver dans une inscription hypothécaire. Ce ne sera qu'après un certain délai que le prêteur connaîtra son sort, peut-être en acquérant la triste certitude que son débiteur est obéré.

Le privilége d'un architecte vient aussi primer l'inscription du bailleur de fonds; mais au moins il ne porte que sur la plus-value.

Telles sont les conséquences de l'article 2103, dans lequel ne se trouvent que les trois hypothèses dont nous venons de parler; car le bailleur de fonds, pour solder le prix de la vente, est simplement subrogé aux droits du vendeur, de même que le bailleur de fonds pour payer ou rembourser les ouvriers n'est aussi qu'un créancier subrogé aux droits de l'architecte.

Il est encore des priviléges qui peuvent inquiéter le prêteur; ce sont les priviléges généraux qui, aux termes de l'article 2104, s'étendent et sur les meubles et sur les immeubles.

Si l'emprunteur ne peut donner des garanties assurées à raison des priviléges qui peuvent grever son immeuble, peut-il au moins en fournir contre les hypothèques?

Les hypothèques légales des femmes et des mineurs sont dispensées d'inscription (art. 2135); et le législateur n'a ouvert aucune voie au prêteur pour parvenir à en prendre connaissance. Comment savoir si celui qui veut emprunter des fonds a été ou est marié, s'il a été ou est tuteur. Voilà une hypothèque non-seulement occulte, mais encore générale.

Ainsi le prêteur n'a aucune garantie, et l'emprunteur n'a aucun moyen pour en fournir une certaine. Le premier n'ose aventurer ses fonds; le second ne peut en trouver qu'avec des conditions exorbitantes.

De même que, dans l'édit de 1771, le prêteur n'a

aucun moyen pour connaître la mesure du crédit de l'emprunteur. On engage ses capitaux sur une garantie que l'on croit certaine ; mais le prêteur comme l'emprunteur peuvent s'abuser l'un et l'autre sans être de mauvaise foi et sans qu'on puisse dire qu'ils ont agi avec imprudence ; il ne peut y avoir faute de part ni d'autre.

§ 2. *Difficultés pour obtenir le remboursement du capital et l'acquittement des intérêts.*

Supposons pour un instant que la constitution d'hypothèque garantit complètement le créancier ; dans cette hypothèse, le législateur lui a-t-il fourni un moyen simple pour rentrer dans ses capitaux à l'échéance ? Une voie lui est ouverte ; mais elle est hérissée, non peut-être de difficultés, mais, en revanche, de nullités ; ce sont des formes accumulées qui, loin d'offrir plus de sécurité, ne font que ruiner de plus en plus le malheureux débiteur.

Pour recouvrer ses capitaux, le créancier est obligé de poursuivre l'expropriation forcée, à la suite de laquelle on ouvrira un ordre. Cette action, périlleuse par le nombre des nullités qui y fourmillent, est de plus ruineuse et pour le créancier et pour le débiteur : pour le premier, parce que la moindre formalité oubliée annulle toute la procédure et fait tomber, en définitive, tous les frais sur lui ; car, quoique l'officier ministériel soit responsable des vices de formes, on sait très-bien qu'il est fort rare qu'un client ne le désintéresse pas ; pour le débiteur, parce que la procédure étant longue et de plus hérissée de formalités, d'un côté fait augmenter les intérêts, et de l'autre le constitue débiteur de tous les frais, qui priment tous créanciers hypothécaires et diminuent d'autant leur garantie réelle.

Outre ces deux inconvéniens, ajoutons encore les longueurs qu'entraîne avec elle l'expropriation forcée, en supposant qu'il ne faille pas la recommencer deux ou trois fois, et de plus les discussions qui peuvent surgir lors de l'établissement de l'ordre ; heureux même si lors un nouveau procès ne s'intente pas.

Ce n'est donc qu'après avoir perdu un temps souvent autant utile au créancier qu'au débiteur que ce dernier se trouvera libéré.

S'il est obligé d'attendre long-temps et de courir les chances d'une action périlleuse pour recouvrer ses capitaux, au moins le créancier peut-il jouir de ses intérêts à leur échéance.

Après commandement de payer, il fera saisir son débiteur, et à la suite de la saisie, il fera vendre les meubles. Sans compter les longueurs qu'entraîne nécessairement cette forme de procéder, pour des sommes quelquefois minimes, mais cependant indispensables au créancier, il sera encore primé par les frais ; mais tout créancier hypothécaire qu'il est, aura-t-il au moins une préférence sur les créanciers chirographaires qui auront saisi avant lui ou qui viendront se réunir à la saisie.

La distribution des deniers se fera par contribution ;

le créancier hypothécaire n'a droit, par préférence, qu'à une année d'intérêt, et encore sur le prix de l'immeuble, et non sur le prix de la vente des objets que son hypothèque ne grevait pas.

Telle est la position précaire de tout créancier hypothécaire.

§ 3. *Du peu de garantie qu'offrent les vendeurs.*

Les rédacteurs du Code civil et du Code de procédure, tout en imitant les auteurs de l'Édit de 1771, qui favorisait les acquéreurs d'immeubles en leur donnant les moyens d'acquérir sans crainte d'éviction une propriété foncière, et d'en payer le prix valablement, n'ont pas cependant mis l'acquéreur à l'abri de toute inquiétude.

Ils ont certainement perfectionné la législation antérieure, mais ils n'ont pas encore donné à l'acquéreur toutes les facilités qu'il est en droit d'attendre, pour éviter, soit l'action en éviction, soit l'action hypothécaire.

1°. *De l'éviction que peut souffrir l'acquéreur.*

L'acquéreur peut être évincé par un précédent vendeur, soit à pacte de réméré, soit à vil prix.

Il doit connaître le pacte de réméré, puisque le vendeur lui remet ses titres de propriété ; alors il doit subir l'éviction sans se plaindre ; il y a eu faute de sa part, d'autant que la faculté de rachat ne peut être stipulée pour un terme excédant cinq années, et qu'il doit réclamer une possession de son vendeur ou de ses auteurs beaucoup plus longue.

Mais que déciderait-on, si une vente était faite sous condition ; que plusieurs acquéreurs se fussent succédés, sans que dans aucun des contrats de vente il fût question de la condition imposée dans la première vente ; que les derniers acquéreurs ou même le dernier n'eût pas connaissance de cette condition ; que quelques années après son acquisition, le vendeur sous condition intente une action en revendication motivée sur ce que la condition est défaillie? Certes le premier vendeur est dans son droit ; car il est incontestable que chacun des vendeurs postérieurs ne pouvait transférer à son acquéreur plus de droit qu'il n'en avait lui-même. Pourrait-on invoquer au moins la prescription de dix ou vingt ans, ou même de trente ans ? Rien n'est moins certain. L'article 2257 porte :

« La prescription ne court point, à l'égard d'une « condition, jusqu'à ce que la condition arrive. »

Si l'on veut que cet article ne s'applique point à l'espèce (puisqu'il ne parle que d'une créance), et que l'action en revendication ne soit point une créance qui passe aux ayans-cause du vendeur, ne faudrait-il pas au moins soutenir les chances d'un procès ?

Passons à l'éviction pour cause de lésion. Comment l'apprécier à sa juste valeur ? Cette action pour un majeur ou un incapable venant du chef d'un majeur ne dure que deux ans ; on peut se tenir en garde, en refusant de payer jusqu'à cette époque. Si au contraire il s'agit d'un incapable, l'action en rescision dure dix ans, non à partir du jour du contrat, mais du jour où leur incapacité cesse (art. 1304); alors combien de temps ne faudra-t-il pas pour être propriétaire incommutable?

L'acquéreur ne peut jamais se dire exempt d'éviction, car il peut arriver que celui qui conserve la possession détienne l'immeuble par l'effet d'une donation; or, les donations sont quelquefois révocables.

Et d'abord, si le donataire n'a pas exécuté les conditions imposées, pendant quel délai le donateur pourra-t-il intenter son action en révocation? Cette action passera-t-elle à ses héritiers? Cette double question n'est pas formellement résolue par la loi. L'article 954 porte :

« Dans le cas de la révocation pour cause d'inexé-
« cution des conditions, les biens rentreront dans les
« mains du donateur, libres de toutes charges et
« hypothèques du chef du donataire; et le donateur
« aura, contre les tiers détenteurs des immeubles
« donnés, tous les droits qu'il aurait contre le dona-
« taire lui-même. »

Est-ce une action personnelle ou une action réelle qu'intente le donateur? Appliquera-t-on l'article 2262 qui veut que les actions tant réelles que personnelles se prescrivent par trente ans? Soit. Les charges imposées dans la donation ne peuvent-elles pas avoir été créées sous une condition dont l'accomplissement se fera attendre bien plus long-temps encore?

La position est bien plus difficile pour l'acquéreur, si le premier possesseur, étant donataire, avait été avantagé par une personne n'ayant pas d'enfant au moment de la donation; puisqu'elle serait de droit révoquée par le fait de la naissance d'un enfant; sans, pour ainsi dire, espérer acquérir la propriété par la possession. L'article 966 est ainsi conçu :

« Le donataire, ses héritiers ou ayans-cause, ou « autres détenteurs des choses données, ne pourront « opposer la prescription pour faire valoir la donation « révoquée par la survenance d'enfant, qu'après une « possession de trente années, qui ne pourront com- « mencer à courir que du jour de la naissance du der- « nier enfant du donateur, même posthume, et ce, « sans préjudice des interruptions telles que de droit. »

Un héritier qui n'a pas fait adition d'hérédité, mais aussi qui n'a pas renoncé, se présente avant qu'on ait pu prescrire contre lui, c'est-à-dire avant les trente ans depuis l'ouverture de la succession, s'il est majeur; et, s'il est incapable, à partir de la cessation de son incapacité; il évincera le tiers possesseur de l'immeuble par sa demande en pétition d'hérédité, car son co-héritier n'a pu transmettre plus de droit qu'il n'en avait lui-même. Que déciderait-on à l'égard d'un légataire universel qui a des droits semblables à ceux de l'héritier?

Il n'existe aucun moyen pour l'acquéreur, par lequel il puisse parer aux torts que peut lui faire éprouver une pareille action; il ne conserve qu'une action personnelle contre son vendeur; mais il est obligé d'abandonner sa propriété; car l'on peut dire qu'il n'a jamais été propriétaire, puisque, pour posséder à ce titre, il lui fallait au moins une possession trenteuaire, en supposant qu'il n'y eût point de causes qui suspendissent le cours de la prescription.

Un héritier à réserve a le droit de demander la réduction des donations faites par le défunt, si elles excèdent la quotité disponible, et l'article 930 dit :

« L'action en réduction, en revendication, pourra « être exercée par les héritiers contre les tiers détenteurs des immeubles faisant partie des donations et « aliénés par les donataires, de la même manière et « dans le même ordre que contre les donataires eux-« mêmes, et discussion préalablement faite de leurs « biens. Cette action devra être exercée suivant l'ordre « des dates des aliénations, en commençant par la plus « récente. »

A quoi servira la garantie que semble accorder cet article à l'acquéreur, en décidant qu'on ne devra attaquer celui-ci qu'après avoir discuté les autres biens du donataire, s'il ne possède rien, s'il est entièrement insolvable?

On ne peut éviter cette demande en réduction, ni même la supposer ou seulement l'apprécier; car de quelle manière s'y prendrait-on pour déterminer la quotité disponible du donateur au jour de son décès, qui peut être encore fort éloigné à l'époque de la vente? et d'ailleurs peut-on connaître son passif et même son actif, quand chaque jour peut voir une fortune considérable et bien établie, non seulement compromise, mais anéantie en totalité?

Bien plus, le Code civil déclare que tout héritier est

sujet au rapport. Ce rapport se fait de deux manières, ou en nature ou en moins prenant.

Il se fera toujours en moins prenant quand l'héritier donataire aura aliéné l'immeuble donné avant l'ouverture de la succession; mais si l'aliénation est postérieure, le rapport doit être fait en nature; c'est du moins ce que semblent vouloir les articles 859 et 860 dont voici les termes :

« Il peut être exigé en nature, à l'égard des immeu-« bles, toutes les fois que l'immeuble donné n'a pas été « aliéné par le donataire, et qu'il n'y a pas, dans la suc-« cession, d'immeubles de même nature, valeur et « bonté, dont on puisse former des lots à peu près égaux « pour les autres cohéritiers. »

« Le rapport n'a lieu qu'en moins prenant, quand « le donataire a aliéné l'immeuble avant l'ouverture de « la succession; il est dû de la valeur de l'immeuble à « l'époque de l'ouverture. »

L'aquéreur voyait un véritable propriétaire, et cependant il peut être évincé; car au moins aurait-il fallu qu'on l'avertît du danger qu'il courait en acquérant. Il peut fort bien ignorer l'ouverture de la succession, et par cela seul il est constitué en faute.

Il y a encore une lacune dans le Code civil qui peut gravement compromettre la sécurité de tout acquéreur; le vendeur peut lui présenter de faux titres ou des titres tronqués, sur la foi desquels l'acquéreur se décide. La loi lui offre-t-elle un moyen pour en vérifier soit l'authenticité, soit l'intégrité? Aucun, à notre connaissance. Et, certes, il importe beaucoup à l'acheteur de savoir à quel titre et sous quelle condition son vendeur possède, puisqu'il continue sa possession, car il ne peut pas avoir plus de droit que celui-ci.

2°. *De l'action hypothécaire contre l'acquéreur.*

L'avis du conseil d'état, du 1er juin 1807, a rempli une lacune du Code civil à l'égard de la purge des hypothèques légales inconnues.

L'intention du législateur, en accordant des dispenses d'inscriptions, n'était pas d'entraver la circulation des propriétés foncières (1); aussi, après avoir montré dans le Code civil la marche à suivre par l'acquéreur, pour échapper aux hypothèques légales connues, a-t-il cru devoir en ouvrir une pour celles que l'on ignorait.

L'acquéreur n'a qu'à déposer au greffe le contrat, dont un extrait est notifié au ministère public, à la femme mariée ou au subrogé tuteur, s'ils sont connus; dans le cas contraire, la notification au ministère public suffit.

On insère cette notification dans le journal du département, s'il en existe un; s'il n'en existe pas, un simple certificat du procureur du roi, constatant qu'il n'y a pas de journal, vaudra insertion et publicité.

(1) Les acquéreurs ont été favorisés; mais les prêteurs, en revanche, n'ont obtenu qu'une garantie illusoire, puisqu'ils ne peuvent connaître les charges qui grèvent sourdement l'immeuble sur lequel ils prennent hypothèque; bien plus l'emprunteur peut lui-même les ignorer.

Ainsi, la faveur accordée aux incapables, par le moyen de l'hypothèque légale non inscrite, tourne à leur préjudice, par la facilité qu'a l'acheteur de purger à leur insu.

L'acquéreur pourra éviter l'effet des hypothèques du chef de son vendeur, c'est-à-dire qu'il pourra se mettre en mesure, et acquérir avec sûreté. Mais, en purgeant les hypothèques légales inconnues du chef de son vendeur, purgera-t-il simultanément celles qui peuvent grever l'immeuble du chef des précédens propriétaires ? C'est fort douteux. Dans tous les cas, il ne pourra éviter l'effet des hypothèques inscrites sur les précédens propriétaires ; or, il peut ignorer leurs noms, et par conséquent n'avoir aucun moyen pour les connaître.

Pour être rassuré contre les actions hypothécaires, l'acheteur devra jouir, après la transcription de son contrat, d'une possession publique et paisible de dix ou vingt ans, et peut-être même de trente ans ; car si l'hypothèque est un véritable droit réel, elle est attachée à l'immeuble et ne peut en être distraite. Le renouvellement d'inscriptions ne serait même pas nécessaire ; car il n'est utile que pour conserver son rang vis-à-vis des autres créanciers hypothécaires : or le nouvel acquéreur ne doit pas avoir plus de droit que ceux de qui il détient l'objet, qui, à leur égard, était grevé d'un droit réel.

Pour éviter le privilége d'un vendeur, l'acheteur aura dû jouir au moins pendant trente ans d'une possession paisible et publique.

Toutefois il est à remarquer que la prescription, tant de l'action hypothécaire que de l'action résultant du privilége, peut durer un bien plus long espace de temps que celui dont nous venons de parler, à raison des suspensions légales.

Les ventes par autorité de justice sont aussi sujettes aux causes de d'éviction et d'action hypothécaires que nous venons de parcourir. Ainsi nulle forme n'est offerte pour acquérir avec sécurité; nul ne peut se croire propriétaire incommutable.

§ IV. *De la nullité de la transcription de l'inscription.*

Malgré les nombreuses imperfections que nous venons de parcourir rapidement, le vendeur et le prêteur pourraient être considérés comme étant en faute, puisqu'en contractant ils étaient censés connaître quelle serait la loi qui régirait leurs droits. Les rédacteurs du Code ont consacré la publicité des hypothèques, mais ils ont eu le tort d'attacher cette publicité à des formes qui ont été diversement envisagées. Tout législateur doit être avare de nullités : et si, dans l'application, les tribunaux ont diversement interprété le Code civil, pour savoir si telle forme était de l'essence de la publicité ou n'en était pas ; de telle sorte qu'on annulait l'inscription toutes les fois qu'on croyait que la forme omise était nécessaire pour la publicité; il n'en a plus été de même après la loi du 4 septembre 1807, qui, peut-être nécessaire à son émission, a par la suite imprimé au Code civil un caractère trop sévère et trop rigoureux pour l'avenir.

Pour montrer l'abus des nullités, je me contente d'extraire de l'ouvrage de M. Hua (1) le passage suivant, formant le paragraphe deux du chapitre préliminaire intitulé : *De l'état de la jurisprudence*.

« L'introduction de la publicité a assujetti le droit « d'hypothèque à des formes, non dans sa constitu- « tion, mais dans le mode de sa conservation.

« L'hypothèque existe bien pour la convention, mais « c'est un être encore inerte, et qui ne s'animera qu'au « flambeau de la publicité. Elle ne prend son rang, « elle n'assure ses droits, que du jour où elle est ren- « due publique par l'inscription.

« L'inscription est donc devenue partie intégrante « de l'hypothèque, en ce sens qu'elle lui donne la date, « et la date est tout pour un droit qui, habituellement « en concurrence avec d'autres, n'est jamais mieux « assuré que par la propriété.

« C'est une innovation très-remarquable en prin- « cipe, et très-féconde en effets, que celle qui a trans- « planté la date de l'hypothèque, de l'acte de la sti- « pulation où elle résidait jusqu'alors, à l'acte de son « inscription où elle est confirmée aujourd'hui.

« Ce changement, en apparence de peu d'intérêt, « est devenu très-grave ensuite par les idées qu'on a « conçues sur l'accomplissement de la formalité.

« L'inscription qui, en théorie, ne présentait « qu'une idée simple, celle de l'avertissement qu'il

(1) Ce fut en 1812 que M. Hua publia une critique de notre régime hypothécaire, dans une brochure qui a pour titre : *De la nécessité et des moyens de perfectionner le législation hypothécaire*.

« existe une hypothèque sur tel propriétaire, est devenue, dans la pratique, et lorsque jamais personne « s'en fût douté, un acte d'une importance majeure, « un acte tellement substantiel, que la plus petite à omission de la plus petite de ses parties, entraîne « irrévocablement la nullité du tout.

« Dès lors l'hypothèque a été déclarée vulnérable « sur tous les points; elle a pu périr par tous les ac- « cessoires, et, pleine de vie encore dans la conven- « tion qui lui a donné l'être, venir mourir et s'éteindre « sur un registre de formalité.

« C'est ici que s'ouvre ce fameux code de nullité, « ce fatal livre, ce livre de mort, où l'on trouvera, « au lieu d'inscriptions d'hypothèques, des inscriptions « de ruines..... Il serait trop long d'en recueillir tous « les monumens déplorables; un simple aperçu doit « suffire pour des choses qui sont déja de notoriété.

« C'est le conservateur qui fait l'inscription, et il « la fait sur le bordereau que lui remet le créancier. « La loi dit que le conservateur fait mention sur son « registre, du contenu au bordereau; mais la juris- « prudence lui enjoint, au lieu d'une simple mention, « apparemment une copie entière, puisqu'elle déclare « nulle l'inscription pour l'omission d'une partie quel- « conque des indications contenues au bordereau.

« Ainsi l'inscription est déclarée nulle,

« Si elle ne comprend pas les noms et prénoms du « créancier (1);

(1) Arrêt de la cour de cassation, du 7 septembre 1807.

« Si elle n'indique pas sa profession, quand il en a « une (1);

« Si elle ne dit pas son domicile réel, même quand « il a un domicile élu (2);

« Si elle ne donne pas la date et la nature du ti- « tre (3);

« Si elle ne montre pas l'époque de l'exigibilité (4);

« Enfin, si elle n'indique pas l'espèce de la situation « des biens (5).

« Il est vrai que quelques-uns de ces points de doc- « trine sont vivement contestés, et la justice n'a pas « prononcé partout les mêmes oracles. Tandis que la « cour de cassation pose en principe (arrêt du 6 juin « 1810) que l'indication du domicile élu ne dispense « pas d'indiquer le domicile réel, la cour d'appel de « Paris posait (arrêt du 16 février 1809) le principe « contraire : *Que l'indication du domicile n'est point « une des formalités substantielles de l'inscription, « quand il y a indication d'un domicile élu. Que, « dans ce cas, l'inobservation de la formalité,* NE « VIOLANT PAS LE PRINCIPE DE LA PUBLICITÉ, NE POR- « TANT POINT DE PRÉJUDICE AUX TIERS, NE DOIT POINT « ENTRAÎNER LA NULLITÉ DE L'ACTE.

(1) Arrêt de la cour de Besançon, du 21 juin 1808.

(2) Arrêt de la cour de cassation, du 6 juin 1810.

(3) Arrêt de la cour de Rouen, du 8 février 1806; de la cour de cassation, du 22 avril 1807.

(4) Arrêt de la cour de Paris, du 31 janvier 1807; loi du 4 septembre 1807.

(5) Arrêt de la cour de cassation, du 23 août 1808.

« L'indication de l'espèce et de la situation des « biens, déclarée nécessaire dans tous les cas, à peine « de nullité, par la cour de cassation (arrêt du 23 août « 1808), n'est déclarée nécessaire par la cour de Tou- « louse (arrêt du 17 juillet 1806), que dans le cas où « le débiteur n'a hypothéqué qu'en partie ses biens, « et non lorsqu'il les hypothèque tous.

« Si l'on voulait faire une compilation plus étendue, « on serait étonné de la divergence et de la chaleur « des opinions. On dirait que la loi a livré les tribu- « naux à la dispute; il s'est élevé entre eux deux sys- « tèmes principaux.

« La loi, en donnant le bordereau comme élément « de l'inscription, en disant que le contenu au borde- « reau sera mentionné sur le registre, n'a prononcé de « nullité dans aucun cas, et l'on s'étaie de son silence « pour dire que les nullités sont de rigueur, qu'on ne « peut ni les suppléer, ni les étendre; et qu'ainsi, dé- « clarer une inscription nulle, quand la loi n'a pas dit « une seule fois en quoi, et comment elle pourrait « l'être, c'est un véritable excès de pouvoir.

« Mais on dit, au contraire, que tout ce qui est de « la substance d'un acte doit s'y trouver nécessaire- « ment, pour que cet acte existe; qu'il n'est pas « nécessaire de prononcer la nullité d'un acte qui n'est « pas accompli. Or, la loi ne demande pas, dans une « inscription, des choses de pure forme; elle exige « des indications qui, toutes, sont des parties inté- « grantes de l'acte, parce que, toutes ensemble, elles « donnent la publicité que l'inscription peut offrir.

« Ceux qui ne veulent point opter entre ces deux « opinions, peut-être extrêmes, demandent quelques « tempérances, avec lesquelles ils croient atteindre « le but de la loi.

« Il n'est pas vrai, suivant eux, il n'est pas même « sérieux de dire que toutes les parties d'une inscrip- « tion soient des parties intégrantes et substantielles « de cet acte. Il est plus important, par exemple, de « savoir le nom du créancier que son prénom. Il n'im- « porte plus, il devient inutile d'avoir le domicile réel « quand on a le domicile élu, auquel tous les actes « qui naîtront de l'inscription doivent être faits. Mieux « vaut cent fois savoir le montant de la créance qui « donne l'hypothèque, que d'apprendre si elle est exi- « gible, et à quelle époque elle le sera. Et, quant à « l'espèce des biens, il n'est pas nécessaire que le débi- « teur la désigne spécialement quand il a consenti l'hy- « pothèque sur tout ce qu'il possède, et qu'il ne reste « plus de portion libre à confondre avec les portions « grevées.

« Suivant qu'ils ont cru à telle ou telle doctrine, les « tribunaux ont prononcé. Les uns, très-durs, ont « appliqué la nullité du tout; les autres, très-indul- « gens, n'ont voulu la voir nulle part; et d'autres, « scrutateurs de l'esprit de la loi, ont adopté ou rejeté « la nullité, suivant que les omissions leur ont paru « graves ou légères.

« Cependant il y a en France un tribunal suprême, « fort de sa sagesse et de ses pouvoirs. C'est lui qui « doit déclarer le véritable sens des lois et y ramener

« les tribunaux. Il dit quand la loi est violée, quand « elle est faussement appliquée ; toutes les controver- « ses du droit doivent être, en définitive, terminées « par l'autorité de ses arrêts (1).

« Dans la matière des hypothèques, la cour de cas- « sation paraît avoir adopté la doctrine la plus sévère : « c'est elle qui a posé le principe, que presque toutes « les parties dont se compose l'inscription étaient sub- « stantielles, et qu'elles devaient être mentionnées, à « peine de nullité.

« Le système des nullités a donc prévalu. Mais alors « des milliers de citoyens ont vu leur fortune compro-

(1) Quelle que soit la déférence que je doive avoir pour les opinions de M. Hua, je ne puis cependant croire que le pouvoir concédé à la cour de cassation aille jusqu'à remplacer la loi, ou seulement fixer *in terminis* la jurisprudence, qui, malgré l'heureuse innovation d'une cour régulatrice, me semble être variable de son essence. A mon avis, une longue succession d'arrêts conformes ne peut irrévocablement fixer le sens de la loi ; car on peut fort bien avoir mal entendu, mal interprété et mal appliqué la loi pendant de longues années, et cependant, malgré les antécédens, revenir de cette première erreur : ce que l'on voit chaque jour. Des auteurs recommandables modifient et même changent entièrement les solutions qu'ils avaient données et soutenues pendant plusieurs années. La cour de cassation elle-même improuve la doctrine qu'elle avait professée depuis son installation. Et d'ailleurs, qui oserait dire qu'il ne naîtra pas un système nouveau, étayé de bonnes et puissantes raisons, qui parleront autant à la conscience qu'à la conviction? Non, ce n'est pas le rang hiérarchique ni le nombre des juges qu'un jurisconsulte doit considérer dans un arrêt, mais bien les motifs et le mérite intrinsèque de la décision ; pour lui ce n'est que l'opinion de plusieurs hommes d'élite, opinion qu'ils ont dû méditer, opinion grave et respectable, mais toujours soumise à la critique et à ses discussions.

« mise. Plus de possibilité de toucher aux inscriptions « existantes : en s'inscrivant de nouveau, on perdrait « la date de ses titres pour les inscriptions anciennes, « la date du registre pour les nouvelles ; c'était un dé- « sastre général. Il a donc fallu que le législateur « intervînt ; il l'a fallu, et son action a été évidem- « ment forcée par l'action des tribunaux. Dès que l'on « jugeait partout la nullité, dès que le pouvoir qui « juge ne peut être arrêté par aucun autre, il était « de nécessité, ne pouvant réformer les juges, d'ou- « vrir un moyen de se conformer à la jurisprudence, « et de refaire les actes, suivant le modèle donné par « les arrêts.

« Mais la censure du législateur est incomplète mal- « gré lui ; il ne peut pas d'abord réagir sur le passé. « Or, depuis plus de sept ans que le nouveau régime est « en activité, combien d'hypothèques perdues ? Et la « loi de 1807 dit que c'est sans retour, quand il y a « des jugemens portés en force de chose jugée.

« Ensuite, le législateur n'a pas cru pouvoir étendre « les bienfaits à tous les cas de nullités ; il n'a permis « de rectifier, dans les inscriptions, que le seul défaut « d'indication de l'époque d'exigibilité de la créance. « Mais combien d'autres lacunes, dans les inscriptions, « que les tribunaux déclaraient encore être des nulli- « tés ! et celles qui ne donnaient pas la date du titre, « et celles qui n'indiquaient pas le domicile, qui omet- « taient l'espèce, la situation des biens..... Tous ces « vices ne demandaient-ils pas grâce comme le pre- « mier ? Il n'y avait eu mauvaise volonté d'aucune

« part ; il y avait eu ignorance commune de la manière « d'exécuter la loi. Cependant le législateur relève les « uns et ne subvient pas aux autres.

« Enfin, cette loi, qui ne réparait ni le passé, qui « n'était plus en son pouvoir, ni le présent, auquel « elle ne portait qu'un secours partiel, eut encore un « effet rigoureux pour l'avenir ; ce fut de sanctionner, « de consacrer, comme des nullités, des omissions qui « originairement n'avaient point été déclarées telles, « en disant que les inscriptions réformées ne devien- « nent valables que dans les cas où on y a observé *les* « *autres formalités prescrites*.

« Voilà donc de simples indications de bordereau « érigées en *formalités* pour l'inscription, et ces for- « malités devenues, sans aucune distinction entre les « plus importantes et celles qui le sont moins, toutes « impérieuses, irritantes, et emportant, par une omis- « sion quelconque, la déchéance du droit.

« Certes, cet état de choses est un état violent, et « l'expérience a déjà dit les maux qui en résultent. « Rien de plus commun que des hypothèques perdues, « les unes par un vice, les autres par un autre ; les « discussions ont dégénéré en chicanes misérables, « en détestables arguties. Il faudrait être témoin des « combats que se livrent les créanciers pour se sup- « planter dans un ordre ; voir comme on opère sur le « corps d'une inscription, comme on la retourne, « comme on tâte l'endroit faible par lequel on la tuera ; « il faut entendre *le dire* de ce créancier perfide qui a « calculé d'avance sur la nullité de cet acte ; qui, après

« l'avoir connu, n'en a pas moins traité de mauvaise « foi, de connivence avec un complice débiteur ; l'o« mission d'un mot va faire triompher l'iniquité la « plus criante. Et voilà comme un régime doux et sim« ple est devenu dur et compliqué, parce qu'au lieu « de manier son principe avec modération, on a voulu « le tordre avec rigueur ; alors il est devenu moins « propre à conserver qu'à détruire.

« L'expérience a jugé, il faut profiter de ses leçons :

« Faire à la loi des modifications conformes aux « principes ;

« A la jurisprudence, des changemens dictés par « l'équité.

« La jurisprudence, en attendant la refonte de la « loi, peut beaucoup, même dans l'état actuel, pour « rendre aux conventions l'autorité qui leur est due ; « et à la propriété, la sécurité, sans laquelle l'indus« trie se décourage et ne travaille plus. »

Si en 1812 M. Hua a pu écrire en ces termes, ce serait une erreur de croire qu'aujourd'hui le mal est moindre. Les questions hypothécaires sont les plus ardues et les plus fréquentes, et le seront tant que subsistera la législation qui nous régit. Il serait difficile d'y porter remède par des dispositions partielles. Il faut refondre et couler dans un nouveau moule. Une législation doit être une, elle ne se forme pas de parties détachées, parce que rarement elles pourraient se concorder : il faut une unité de doctrine, et établir des principes d'où découlent des conséquences rigoureuses et fertiles.

Nous ne saurions assez le répéter, on a trop confondu, dans le Code civil, l'obligation et l'exécution de l'obligation.

L'inscription hypothécaire n'est autre chose que l'exécution de la convention qui concède une hypothèque. Cela établi, les nullités ne doivent que rarement annuler l'effet de l'hypothèque, quand elles ne portent que sur l'inscription; les nullités ne doivent avoir cet effet que lorsqu'elles ressortent de l'obligation elle-même et non du fait de l'exécution de l'obligation, qui avertit les tiers de ne pas contracter, car ils seraient de mauvaise foi.

En effet, que l'inscription soit ou ne soit pas nulle, dans l'un comme dans l'autre cas, le public n'est-il pas averti que le débiteur a des dettes?

Il ne faut pas attribuer à l'inscription, qui n'est qu'un fait, plus d'importance qu'à l'obligation elle-même. Si l'obligation est valide, pourquoi ne produirait-elle pas ses effets, quoiqu'on ait employé un moyen incorrect pour faire connaître au public qu'elle a été exécutée. Les tiers ont-ils été dans l'ignorance?

§ V. *Des actions qui détruisent le gage du débiteur.*

L'éviction, qui anéantit la propriété de l'acheteur, annulle en même temps les hypothèques qu'il pourrait avoir consenties.

En conséquence, si l'un des précédens acheteurs ou l'acheteur lui-même, a acquis avec pacte de rachat ou à vil prix, les hypothèques consenties depuis l'acquisition, seront déclarées nulles, parce que l'emprunteur ne pouvait concéder plus de droit qu'il n'en avait lui-même, ce qui arrive encore si la vente, ou l'une des ventes, avait été faite sous condition résolutoire.

Moins encore que l'acheteur, le prêteur pourra apprécier la rescision pour cause de lésion ; il sera pourtant privé de son gage, comme s'il avait connu les chances qu'il courrait en se dépouillant de ses capitaux.

Si l'objet sur lequel repose l'hypothèque a été donné avec des charges, l'inexécution des conditions, sous lesquelles la donation aura été faite, fera rentrer les biens dans les mains du donateur, libres de toutes charges et hypothèques venant du chef du donataire ou de ses ayans-cause (art. 954). Bien plus, si la donation est révoquée pour cause de survenance d'enfans, les créanciers hypothécaires seront encore plus maltraités que les tiers acquéreurs, qui, au moins, peuvent espérer obtenir la propriété par la possession (art. 966). La femme mariée ne sera pas même privilégiée pour ses droits matrimoniaux. L'article 963 porte :

« Les biens compris dans la donation révoquée de « plein droit rentreront, dans le patrimoine du dona« teur, libres de toutes charges et hypothèques du chef « du donataire, sans qu'ils puissent demeurer affectés, « même subsidiairement, à la restitution de la dot de « la femme de ce donataire, de ses reprises ou autres « conventions matrimoniales ; ce qui aura lieu quand « même la donation aurait été faite en faveur du ma-

« riage du donataire, et insérée dans le contrat, et que « le donateur se serait obligé, comme caution, par « donation, à l'exécution du contrat de mariage. »

Or, la donation ainsi révoquée, l'étant de plein droit, et ne pouvant revivre que par un nouvel acte ou par la possession trentenaire, les hypothèques consenties depuis cette révocation, ignorée de l'emprunteur, et souvent même du prêteur seront radicalement nulles, puisque ce dernier n'avait pas, malgré sa possession, le droit d'hypothèque, car il n'était pas propriétaire. Pourrait-on le poursuivre comme stellionataire? Certes, ce ne serait pas juste, s'il était de bonne foi et n'avait nulle connaissance que sa donation fût révoquée, s'il est lui-même le donataire, et bien plus encore s'il avait acquis de ce dernier.

La pétition d'hérédité ne viendra-t-elle pas aussi résoudre les hypothèques qui grèvent l'immeuble dont s'était emparé un héritier, au préjudice de son cohéritier?

Une demande en réduction pourra encore avoir le même effet. L'article 929 est conçu en ces termes :

« Les immeubles à recouvrer par l'effet de la réduc« tion, le seront sans charges de dettes ou hypothèques « créées par le donataire. ».

Le rapport peut aussi préjudicier aux créanciers hypothécaires, puisque l'article 665 dit :

« Lorsque le rapport se fait en nature, les biens se « réunissent à la masse de la succession, francs et « quittes de toutes charges créées par le donataire; « mais les créanciers ayant hypothèques peuvent in-

« tervenir au partage, pour s'opposer à ce que le rap-
« port se fasse en fraude de leurs droits. »

D'où il faut conclure que si la succession est obérée, la garantie du créancier hypothécaire s'évanouit en totalité, car les héritiers, pour éviter les actions des créanciers de la succession, abandonneront tout l'immeuble rapporté ; car je ne crois pas qu'on puisse invoquer contre les créanciers de la succession, qui, par l'acceptation pure et simple des héritiers, sont simultanément devenus leurs créanciers personnels. La disposition de l'article 837 ainsi conçu :

« Le rapport n'est dû que par le cohéritier; il n'est
« dû aux légataires ni aux créanciers de la succession. »

Cet article ne me semble applicable que lorsque les héritiers ont accepté sous bénéfice d'inventaire ; et, quand même on pourrait l'invoquer, le créancier hypothécaire perdrait encore une plus ou moins grande partie de son gage à proportion du nombre d'héritiers.

Enfin, toutes les causes d'éviction que peut souffrir un acquéreur, détruisent l'hypothèque qu'il consent ou que les ayans-cause auraient consentie ; de même toutes les cautions hypothécaires qui peuvent inquiéter un acquéreur peuvent aussi anéantir l'hypothèque du créancier postérieur.

Dans mainte circonstance, le prêteur n'a le moyen de connaître à quel titre son emprunteur possède ; bien plus, l'emprunteur ne le connaît pas lui-même, il n'offre et ne peut offrir une garantie certaine.

Aussi, sans être en sûreté, l'acheteur est encore plus protégé que le prêteur ; car ce dernier éprouve les mêmes inquiétudes que le premier, mais, de plus, sa condition est toujours empirée, quoiqu'on lui accorde un droit réel, puisque ce droit n'est pas essentiellement attaché au sol.

§ VI. *Exemples d'éviction après soixante ans et même cent ans de possession.*

Une personne de l'âge de vingt-deux ans fait une donation; elle n'avait point d'enfant. Quarante ans plus tard le donateur se marie, et devient père d'un enfant légitime; la donation se trouve révoquée de plein droit; mais comme le donateur n'agit pas, le donataire ou ses ayans-cause se gardent bien de rendre, dans l'espérance de pouvoir acquérir la propriété par la possession de trente ans, en vertu de l'article 966. Le donateur meurt à l'âge de soixante-huit ans, et la même année il lui naît un enfant posthume. Quarante-six ans se sont écoulés depuis la confection de la donation; si les enfans du donateur étaient majeurs, il faudrait décider que, trente ans après, le donataire ou ses ayans-cause obtiendraient irrévocablement la propriété; mais il est à remarquer que l'enfant est posthume : il suspendra donc la prescription pendant vingt et un ans, qui, joints au trente de prescription, forment un total de cinquante et un ans, auxquels il faut encore ajouter les quarante-six années dont nous avons parlé ci-dessus. Le total est donc de quatre-vingt-dix-sept ans, pendant lesquels le donataire ou ses ayans-cause auront possédé comme propriétaires;

il aura joui des fruits, il aura payé les impôts, à moins qu'on ne lui notifie la survenance de l'enfant; c'est ce que décide l'article 962 en ces termes :

« La donation demeurera pareillement révoquée, « lors même que le donataire serait entré en posses- « sion des biens donnés, et qu'il aurait été laissé par « le donateur depuis la survenance de l'enfant; sans « néanmoins que le donataire soit tenu de restituer les « fruits par lui perçus, de quelque nature qu'ils soient, « si ce n'est du jour que la naissance de l'enfant ou sa « légitimation par mariage subséquent lui aura été « notifiée par exploit ou autre acte en bonne forme; « et ce, quand même la demande pour rentrer dans « les biens donnés n'aurait été formée que postérieu- « rement à cette notification. »

Cependant le donateur pourrait bien avoir à un âge plus avancé un enfant de telle sorte que la possession même centenaire ne suffirait pas.

Mais, bien plus, si nous supposons que l'un des enfans du donateur soit interdit avant que le dernier enfant n'ait atteint sa majorité, combien la suspension de prescription ne durera-t-elle pas encore; car la possession trentenaire du donataire ou de ses ayans-cause ne commencera à courir que de la cessation de l'interdiction? Ainsi donc un siècle et demi de possession ne suffirait même pas pour devenir propriétaire incommutable.

En conséquence les hypothèques consenties seront résiliées de plein droit, ainsi que la propriété, puisqu'elles ne sont même pas aussi privilégiées que celle-ci.

L'action en réduction peut durer un tout aussi long espace de temps. Supposons une donation faite, à l'âge de vingt-deux ans, par une personne ayant un enfant; elle meurt à l'âge de soixante-dix ans; quarante-huit ans se sont écoulés; le donateur laisse un posthume ou bien un enfant interdit. Outre les trente ans pour demander la réduction, il faudra joindre, dans le premier cas, vingt-un ans de suspension légale de prescription, et, dans le second cas, un laps de temps quelquefois beaucoup plus long. Ainsi, encore une possession plus que centenaire ne suffirait pas.

Si la pétition d'hérédité n'a pas des effets aussi extraordinaires, elle peut au moins durer cinquante ans et plus, suivant que l'héritier demandeur aura été mineur ou interdit; il en est de même pour le cas de rapport en nature.

Tels sont les vices les plus exorbitans que renferme notre législation hypothécaire; et si nous ajoutons que le vendeur ou l'emprunteur peut être mineur, interdit, femme mariée, privé en tout ou en partie de l'exercice et ou de la jouissance des droits civils, cessionnaire judiciaire de ses biens, condamné à d'énormes restitutions envers le trésor, arrêté correctionnellement ou criminellement avant la transcription ou la purge, doit-on encore être étonné du peu de faveur dont jouit le prêt hypothécaire, puisque l'acquéreur lui-même, malgré la protection que le législateur lui a accordée, n'est pas exempt de crainte? Bien plus, n'est-il pas possible qu'avant la vente on ait laissé protester des effets, et que l'on déclare le vendeur ou l'emprunteur en état de faillite avant la vente ou dans les dix jours de l'inscription hypothécaire ?

La prescription, à raison des causes qui en peuvent suspendre l'effet, n'est pas un moyen certain d'acquérir ni de se libérer ; elle n'atteint pas, par cela même, le but que s'était proposé le législateur.

La peine du stellionat non plus n'offre aucune garantie, car on ne doit pas pouvoir l'infliger à celui qui est de bonne foi : autrement quel serait le vendeur ou l'emprunteur qui pourrait ne pas l'encourir ? et d'ailleurs l'acheteur ou le prêteur n'en est pas moins lésé. Leur intérêt veut qu'ils ne perdent pas leurs capitaux, et non qu'ils obtiennent une condamnation afflictive et infamante.

En résumé, nul ne peut être certain de recouvrer ses capitaux par voie d'hypothèque, lors même qu'il serait inscrit au premier rang ; il n'a que la chance plus ou moins probable du remboursement.

De même, nul ne peut se croire propriétaire de l'immeuble qu'il possède ; chaque jour il peut être inquiété par une demande en revendication, ou à fin d'éviction et encore de paiement d'une créance hypothécaire.

§ VII. *Conclusion.*

La conclusion à tirer est celle-ci : d'un côté, le capitaliste n'ose aventurer ses fonds, soit pour prêter, soit pour acquérir, car il n'a pas plus de chance, dans l'un comme dans l'autre cas, de faire un placement profitable ; d'un autre côté, le propriétaire veut-il emprunter, il ne peut offrir des garanties certaines ; veut-il vendre, ce ne sera qu'après de longues formalités toujours ruineuses pour lui, qu'il fera connaître à son acquéreur sa véritable position.

Pour éviter l'action en revendication et l'action hypothécaire, l'acquéreur devra notifier le contrat aux ayant-droit, afin de faire courir les délais de la surenchère. Pendant ces longues formalités, loin d'acquitter ses dettes, le propriétaire est accablé de poursuites, dévoré par l'énormité des frais, et de solvable qu'il eût été s'il eût pu vendre et toucher de suite le prix, la loi le met dans l'impossibilité de remplir ses engagemens.

Il importe à l'acquéreur et au prêteur autant qu'au vendeur et à l'emprunteur de donner ou de recevoir le plus promptement possible. Le retard cause du préjudice à l'un et ruine l'autre. Une bonne loi doit donc hâter l'effet de l'emprunt comme de la vente.

CHAPITRE IV.

DU TAUX DE L'INTÉRÊT (1).

Par des lois répressives on a cru éteindre l'usure ; mais, avant d'infliger des peines, on aurait dû la définir.

Dire qu'il y a usure quand on prête de l'argent au-dessus du taux fixé par la loi, n'est pas faire connaître sa nature, son essence. Pourquoi d'ailleurs la limiter au prêt d'argent ? Si l'usure existe pour une matière, pour une valeur, pourquoi n'existe-t-elle pas pour toutes les autres ?

C'est par un abus de langage qu'on a donné au mot usure un sens que son origine contredit ; écoutons M. Charles Lucas (2).

« *Usure* signifie *loyer de l'usage :* prêter de l'argent « à usure signifie donc louer l'usage de l'argent. Le « mot *usure* était d'une signification claire et précise ; « mais la défaveur qu'il a subie l'a fait éliminer et « remplacer par cette expression : *intérêt de l'argent.*

« Cette expression est impropre ; en effet, on ne « loue pas l'argent même qu'on prête, mais les ser-

(1) Voir le Mémoire sur les prêts d'intérêts, par Turgot, et la Défense de l'usure; ou Lettres sur les inconvéniens des lois qui fixent le taux de l'intérêt de l'argent, par JÉRÉMIE BENTHAM.

(2) De l'Usure considérée dans ses rapports avec l'économie politique, la morale publique et la législation, ou de la nécessité d'abroger la loi du 3 septembre 1807 du Code civil, par M. CH. LUCAS, avocat à la Cour royale de Paris.

« vices productifs de cet argent, son usage. Autrement « il faudrait rendre les écus mêmes qu'on aurait em- « pruntés, comme on rend le cheval qu'on a loué. « L'expression *intérêt de l'argent* est donc impropre, « tandis que celle d'*usure*, ou loyer de l'usage, était « très-convenable.

« Ce mot *usure*, dans le langage vulgaire, n'est « pris aujourd'hui qu'en mauvaise part; il indique « l'abus du prêt, c'est-à-dire son prix exorbitant. « Dans le langage de la loi civile, *usure* signifie l'in- « térêt illégal, c'est-à-dire, plus élevé de cinq ou six « pour cent.

« La loi canonique ne s'occupant pas du taux du « loyer de l'argent, puisqu'elle flétrit le loyer même, « *usure* est la seule expression dont elle se serve. »

Or, louer les services productifs de l'argent ne peut être une chose illicite, et qui doive être réputée infâme. Car partout l'on peut et l'on doit faire quelque chose de l'argent; il faut donc partout payer quelque chose pour l'usage qu'on en fait.

En conséquence, le prêteur doit fixer le taux à raison des services qu'il présume que doit produire l'argent, et de plus à raison du plus ou moins de chance de remboursement. Dans le taux de l'intérêt de l'argent, il faut considérer deux choses : le loyer lui-même, peu variable, et une prime d'assurance pour le remboursement; celle-ci se détermine à raison du crédit de l'emprunteur, suivant qu'il offre plus ou moins de garantie; ce sera donc principalement la prime d'assurance moins que le loyer de l'argent qui sera la cause de l'élévation ou de la diminution du taux.

Il peut y avoir abus dans le taux de l'intérêt ; mais l'abus, ainsi que le proclame la loi de 1807, commence-t-il après 5 ou 6 et s'étend-il indéfiniment? pourquoi est-il plutôt à 7 plutôt qu'à 6? Pourquoi le droit n'existe-t-il que de zéro jusqu'à 5 ou 6? Doit-on classer l'abus entre deux chiffres? Est-ce entre 5 ou 6, 7 ou 8, 9 ou 10, etc., qu'il faut le chercher? non certes, l'abus n'est pas absolu; il est relatif. Il y a abus dans le taux de l'intérêt quand le prêteur exige un loyer plus élevé que le gain des services productifs de l'argent, ou lorsqu'il demande une prime d'assurance plus forte que celle exigible d'après le degré de solvabilité de l'emprunteur.

« Il est évident, dit M. Charles Lucas, que les capi-« taux au service de telle industrie sont tous les jours « plus productifs qu'au service de telle autre. Eh bien! « un agriculteur qui ne retirera que 3 pour 100 de « revenu net de ses terres, ne paiera-t-il pas un taux « beaucoup plus élevé à 5 p. 100 que ne le ferait à « 10 p. 100 le manufacturier qui, par la promptitude « de ses rentrées et le grand nombre de ses débouchés, « tire un profit annuel de 20 et 25 p. 100 de ses fonds? « Cependant il n'y a pas plus usure dans un cas que « dans l'autre. *A* a eu raison de faire payer 10 p. 100 « le loyer de son argent au manufacturier qui en reti-« rera 25, et *B* n'a pas eu tort de faire payer 5 p. 100 « à l'agriculteur qui ne retirera cependant que 3, « parce qu'on peut toujours légitimement exiger pour

« loyer de son argent l'intérêt qu'on trouverait soi-« même à le faire valoir. »

« Nous le demandons maintenant, que devient la « loi qui a déclaré *à priori*, qu'il ne pouvait y avoir « de prêt licite au-delà de 5 ou 6 p. 100, et que tout « intérêt plus élevé était usuraire et condamnable. On « voit toute l'absurdité d'une telle loi; mais il faut « de plus en sentir l'injustice. Que dirait-on, en effet, « d'une loi qui, aujourd'hui que les loyers des mai-« sons éprouvent une hausse inconcevable, défendrait « aux propriétaires de louer les appartemens de tant « de pièces au-dessus de tel prix? Assurément cette « loi serait flétrie par l'opinion publique, comme « attentatoire au droit de propriété. Cependant pren-« dre une telle mesure, ce ne serait que poursuivre « et atteindre le loyer illicite de l'argent sous le nom « de loyer d'appartement (1). En effet, si les pro-« priétaires louent 15,000 francs une maison qui ne « leur revient qu'à 100,000 francs, c'est comme s'ils « prêtaient aux locataires de l'argent à 15 pour 100 « d'intérêt. Ainsi, un propriétaire prêtera, sous le « nom de loyer de maison, 100,000 fr. à 15 p. 100, « et sera parfaitement considéré, et le capitaliste « qui aura prêté cette même somme à 10 p. 100 à « ce même propriétaire peut-être qui en retire 15,

(1) Le fait s'est passé précisément sous nos yeux; car tout le monde sait que tous les fonds employés à bâtir sont arrivés de la bourse, et qu'ils ont quitté les rentes à l'époque du projet de réduction, parce qu'ils n'y trouvaient plus un loyer assez avantageux.

« sera traduit et poursuivi devant les tribunaux. »

A ces puissantes raisons j'ajouterai pourquoi l'on ne qualifie pas aussi d'usurier et ne poursuit-on pas comme tel celui qui, par exemple, achète un immeuble en faisant éprouver une lésion de plus de moitié? Certes, le vendeur éprouve un bien plus grand préjudice quand, sur un immeuble valant 144, il reçoit 60 seulement, que celui qui emprunte 144 pour rembourser un an après 153 ou 155. Mais il ne s'agit pas du plus ou du moins de préjudice que pourra éprouver l'emprunteur, mais du service productif que devait lui rendre l'argent du capitaliste, qui, s'il ne l'eût pas livré, aurait pu le faire valoir, et obtenir lui-même le service productif qu'il procurait ou devait procurer au débiteur; et de plus de la prime d'assurance qui détermine la chance plus ou moins probable de remboursement.

Le législateur n'a pas le droit de fixer le taux de l'argent, si ce n'est pour le cas où les parties ont négligé de le déterminer, et que l'une d'elles le demande; alors c'est un intérêt légal, qui doit être presque toujours moindre que l'intérêt conventionnel. « Il me « semble, dit à ce sujet M. Say (1), que ce taux doit « être fixé par la loi au niveau des plus bas intérêts « payés dans la société, parce que le taux le plus bas « est celui des emplois les plus sûrs. Or, la justice peut « bien vouloir que le détenteur d'un capital le rende, « et même avec les intérêts; mais, pour qu'il le rende,

(1) Traité d'économie politique, par J.-B. Say.

« il faut qu'elle le suppose encore entre les mains ; et « elle ne peut le snpposer entre les mains qu'autant « qu'il l'a fait valoir de la manière la moins hasar- « deuse, et par conséquent qu'il en a retiré le plus « bas de tous les intérêts. »

Si le taux de l'intérêt conventionnel ne peut ni ne doit être fixé par le législateur d'une manière invariable, c'est donc aux parties seules qu'appartient le droit de débattre leurs interêts ; entre elles les conventions légalement formées tiennent lieu de loi, et doivent être exécutées de bonne foi ; c'est avec le plus grand soin que le législateur doit éviter d'entraver les affaires, et surtout de forcer les contractans à agir scandaleusement contre ses décrets.

Les meilleures lois sont sans contredit celles qu'on ne peut enfreindre ; ce sont celles où le législateur n'a pas outrepassé ses pouvoirs. La conscience publique fait qu'elles seront toujours respectées.

Mais, pour obtenir ce résultat bienfaisant, il ne faut pas, comme la loi de septembre 1807, mettre le citoyen dans cette triste et malheureuse alternative, ou de ne pouvoir trouver ce dont il a besoin, et d'être arrêté dans le cours de ses opérations, ou de méconnaître l'autorité de la loi. Il est contraint malgré lui de la violer, parce qu'elle est impérieuse là où elle devrait être facultative.

« Forcer les capitalistes, dit M. Say, à ne prêter « qu'à un certain taux, c'est taxer la denrée dont ils « sont marchands, c'est la soumettre à un *maximum*.

« Les lois de ce genre sont si mauvaises, qu'il est « heureux qu'elles soient violées. »

La liberté de prêter comme d'emprunter doit être illimitée; le prêteur s'entendra avec l'emprunteur sur le prix du loyer de l'argent à raison des services productifs présumés, comme sur la prime d'assurance, à raison du crédit plus ou moins bien établi de l'emprunteur; c'est la chance plus ou moins probable du remboursement. Ainsi donc rétablir le libre taux de l'intérêt serait un bienfait. Il suffit pour cela de révoquer purement et simplement la disposition de la loi du 3 septembre 1807, qui limite l'intérêt conventionnel, et de modifier un peu l'article 1907 du Code civil, en déclarant que *l'intérêt conventionnel peut excéder celui de la loi*, en supprimant la fin de l'alinéa ainsi conçu : *toutes les fois que la loi ne le prohibe pas*. Car la liberté pour le prêt à intérêt doit être tout autant illimitée que pour les autres conventions.

En effet, le prêt à intérêt est-il différent du louage ou de la vente, et mieux encore de l'échange?

Quelle différence trouve-t-on à louer une somme d'argent pour un certain temps moyennant telle rétribution, avec le louage d'un objet quelconque; à vendre une somme d'argent à condition qu'on en paiera tel prix à telle époque, avec la vente à terme; à échanger une somme d'argent contre telle autre somme d'argent livrable à tel jour, avec l'échange d'une maison, dont la translation de propriété est de suite opérée, contre telle autre maison dont la mise en possession n'aura lieu que plus tard?

Ce ne serait pas une innovation que d'assimiler l'argent à une marchandise, et de proclamer la liberté illimitée de l'intérêt (1); puisque la loi du 11 avril 1793 avait accordé une pleine liberté à la stipulation des intérêts; et, quoique cette loi fût rapportée par celle du 27 avril 1794 (8 floréal an 2), l'argent fut considéré comme marchandise jusqu'à la loi du 3 septembre 1807.

En effet, pourquoi l'argent est-il une chose hors du commerce, ou du moins, pour parler plus exactement, pourquoi n'y est-il pas ainsi que toutes les autres choses? pourquoi y est-il avec des limites? Considéré comme marchandise quand on l'emprunte, l'argent aurait une valeur relative, et l'on priverait la société de ces procès scandaleux d'usure, dans lesquels l'emprunteur vient impunément réclamer l'appui de la justice, pour éviter de remplir l'engagement qu'il a consenti.

Quelle différence trouve-t-on entre emprunter une somme quelconque et escompter un billet à ordre ou une lettre de change, ou bien encore à échanger une somme d'une ville sur une autre? Dans un cas, on ne pourra stipuler un intérêt plus élevé que 5 ou 6 p. 100; dans l'autre, au contraire, on pourra exiger 15 ou 20 p. 100, parce que l'argent sera considéré comme une marchandise. Ainsi, le seul fait de la conversion de l'argent en billets à ordre ou en lettres de change accordera une liberté illimitée.

(1) V. Les décrets du 2 octobre 1789 et du 1er décembre 1790, tit. 2, art. 9.

Loin de faire élever le taux de l'intérêt, la liberté aura certainement pour effet, dans le prêt hypothécaire au moins, de le faire sensiblement baisser. Ainsi, par exemple, tel qui, dans un bon contrat, aurait pu stipuler 5 ½ ou 6 p. 100, exigera 7 ou 8 p. 100, parce qu'il ne lui est pas permis de stipuler dans l'acte plus de 5 p. 100. Alors comment agit-il? Il se fait faire des billets à ordre ou des lettres de change pour la somme d'intérêt qui ne lui a pas été garantie dans le titre, si même il ne reçoit pas d'avance le complément.

Si on lui objecte l'élévation du taux, il ne manque jamais prétendre courir des chances sur l'exigibilité des intérêts, puisque la loi contraint de n'exiger que 5 p. 100.

Ainsi le législateur, par la limitation du taux et par sa répression, produit l'effet contraire de ce qu'il s'était proposé.

CHAPITRE V.

DES LOIS FISCALES.

Si la non-sécurité des acquéreurs et surtout des prêteurs est la principale cause pour laquelle le prêt hypothécaire devient chaque jour moins fréquent, on doit aussi attribuer cet effet aux lois fiscales, qui, par les droits d'enregistrement, augmentent beaucoup trop et le prix d'acquisition et l'emprunt.

Établir un droit fixe pour toute espèce d'obligation qui ne confère qu'une action personnelle, serait une heureuse innovation autant que profitable au trésor.

Le droit proportionnel est ruineux soit pour l'emprunteur, soit pour l'acquéreur, soit pour le cédant, et, joint à la rétribution de l'officier ministériel, il augmente tellement les frais que l'on se rebute. Ce droit ne devrait jamais être employé que pour la translation de propriété, si toutefois il doit exister.

Emprunter, céder, acquérir, sont par eux-mêmes assez dispendieux, sans que le législateur vienne encore imposer des frais accessoires exorbitans. Qu'ils soient diminués, ni les notaires ni le trésor n'éprouveront de baisse dans la recette. La marche des affaires ne sera plus entravée; on préférera emprunter par acte authentique, parce qu'on aura plus de garantie; les propriétés changeront plus facilement de possesseurs; les actes de cessions seront fréquens; enfin, une foule de conventions et d'actes qu'on évite de faire enregistrer, ou de passer par-devant notaire, le seront dorénavant. De la multiplicité naîtra le gain; et pour l'avantage général le fisc, au lieu d'éprouver une perte, sera au moins indemnisé, si même il n'éprouve une augmentation considérable dans sa recette.

Il est nécessaire, utile, avantageux aujourd'hui, peut-être plus que jamais, d'user modérément des actes sous signature privée. Si la civilisation produit de grands avantages, elle a aussi quelques inconvéniens. L'éducation est plus répandue, sans avoir encore atteint un assez haut degré de perfection morale, de telle sorte que l'éducation matérielle peut avoir des effets pernicieux, soit pour les contractans, soit pour les tiers. N'est-il pas plus facile en effet de contrefaire un acte privé qu'un acte authentique?

En définitive, par la diminution des droits du fisc, on augmentera la fortune et la sécurité publiques; car plus il y aura d'actes publics, plus il y aura de garantie, et par conséquent beaucoup plus de commerce et beaucoup plus de recettes.

DEUXIÈME PARTIE.

EXPOSÉ

D'UN NOUVEAU SYSTÈME

DE

TRANSLATION DE PROPRIÉTÉ.

> Non ex edicto prætoris nec ex senatus-consulto, sed ex intimâ philosophiâ jus hauriendum.
>
> CICERO.

INTRODUCTION.

BIBLIOTHÈQUE NATIONALE R.F.

Dans toute législation bien ordonnée et bien entendue, il est utile, indispensable même, de fondre le droit public avec le droit privé. Ils s'entr'aident, ils sont intimement unis; l'un établit souvent ce que l'autre développe : de là cette fusion toujours nécessaire.

En parcourant nos lois modernes, celles qui régissent aujourd'hui la France, on serait tenté de décider que nous venons d'émettre un paradoxe; surtout en faisant attention qu'il y a peu, ou point d'harmonie entre les lois qu'on appelle civiles (pour ne parler que de celles-là), et la constitution fondamentale. D'où provient ce manque d'harmonie? Nous croyons l'avoir trouvé dans la crise effervescente, pendant laquelle nos lois ont été rédigées.

Les rédacteurs du Code civil ont accrédité cette erreur que le droit public ou politique et le droit privé devaient avoir leurs règles particulières. Ils se sont efforcés de les séparer, et malgré eux souvent ils ont été contraints de les réunir; ainsi, par exemple, au titre *de la jouissance et de la privation des droits civils*, ils ont entremêlé le droit public avec le droit privé, en traitant de la perte des droits civils. Nulle part, que je sache, ils n'ont établi des règles ou indiqué les moyens par lesquels on pourra distinguer les droits civils de ceux qui ne le sont pas.

Toutefois il serait souverainement injuste de reprocher avec sévérité aux rédacteurs du Code civil, le défaut d'union entre le droit public et le droit privé. A l'époque où ils travaillaient, il n'y avait réellement point de constitution fondamentale. Le droit public variait d'un jour à l'autre. Les bases de la politique étaient assises sur un terrain trop mouvant pour qu'on pût s'en servir comme d'un principe d'où découlent des conséquences fertiles.

Pour ainsi dire, chaque année voyait éclore une nouvelle constitution comme un nouveau gouvernement. La république en était déjà à sa décadence dès son apparition; aussi ne subsista-t-elle encore quelque temps que dans les actes, sous la monarchie du premier consul, qui, en s'emparant du pouvoir, donna à la France, sous plus d'un rapport, une activité utile et nécessaire autant qu'étonnante. Son administration obtint la confiance; aussi ne craignit-il pas de donner à la constitution un esprit contraire à celui qui dès l'abord avait présidé à sa formation.

Bonaparte peut-être déjà imbu des projets ambitieux, qu'il devait plus tard réaliser, influa beaucoup à propager cette erreur capitale que le droit public est entièrement indépendant du droit privé. Il devait éviter que les monumens législatifs, qui sont par leur nature dans les mains de tout le monde, fussent en contradiction avec le droit public absolu qu'il espérait établir, en ramenant tout à sa personne. Il devait craindre les idées rétroactives.

Aussi n'hésitons-nous pas à proclamer qu'au milieu des progrès que l'administration active du premier consul ou de Napoléon sollicitait de toute part, la science du droit fut peut-être la seule qui resta stagnante. Quelle en est la cause? D'abord l'admiration outrée du Code civil, succédant au chaos des lois qu'était obligé de compulser le jurisconsulte. Ensuite, l'omnipotence que s'arrogeait le chef de l'État.

Une constitution établissant le droit public politique, une fois adoptée, il est utile d'en faire l'application aux lois qui régissent les rapports des citoyens entre eux. C'est par cette fusion seule qu'on peut arriver à former un tout, dont chaque partie ne soit pas en désaccord ni entre elles ni avec l'ensemble. Alors seulement qu'on suivra cette marche, on pourra établir une législation dont toutes les branches seront en harmonie avec le même principe. Alors on obtiendra unité et uniformité de doctrine.

Aujourd'hui que nous avons la Charte constitutionnelle qui fixe le droit public et politique, ne serait-il pas avantageux de mettre les lois qui régissent et forment le droit privé en harmonie avec elle?

Dans la rédaction du Code civil, on a négligé une

division importante quant à l'acquisition et à la translation de propriété. A ce sujet, qu'il me soit permis de rapporter quelques passages d'un ouvrage que je me propose de publier (1).

« Dans le premier état de la législation romaine « on ne connut, ainsi que chez toutes les nations, « qu'une seule espèce de domaine. L'on était ou l'on « n'était pas propriétaire. Mais lorsque le gouvernement romain eut pris plus de consistance, qu'il se « fut assis sur une base plus solide et plus stable, soit « par l'alliance, soit par la soumission des peuplades « voisines, le législateur crut devoir augmenter les « priviléges attachés à la qualité de citoyen ; car, à « l'enfance d'un peuple, tout possesseur de biens, « soit indigène, soit étranger, doit exercer les mêmes « droits, il n'y a pas encore de citoyens, nul ne jouit « de privilége. Pour faire cesser cette confusion, on « inventa deux espèces de domaines : l'un, tout civil et « éminemment politique, était spécial aux citoyens « romains (*jus quiritium*); l'autre, au contraire, purement naturel, était propre à l'universalité des hommes libres. On possédait la chose, on en jouissait (*in* « *bonis erat*).

« Les deux domaines peuvent être réunis ou séparés. Dans le premier cas, le propriétaire a l'exercice

(1) Essai sur les pouvoirs domestiques des Romains. Section 1re, *du Domaine sur les choses*.

« de la plénitude des droits que l'on peut avoir sur « une chose ; dans le second, il peut arriver que l'un « ait *in bonis* des objets dont l'autre serait proprié- « taire légitime, c'est-à-dire *ex jure quiritium.* Il « importe donc de bien apprécier les droits de l'un et « de l'autre, et par conséquent de s'attacher à mon- « trer scrupuleusement les marques distinctives de « ces deux domaines.

« Si nous recherchons l'époque où cette distinction « du domaine a eu lieu, nous dirons avec assurance, « étayé d'ailleurs de l'autorité de M. Hugo, qu'elle « est antérieure à la loi des Douze Tables. Pour moi, il « me semble qu'elle est entièrement liée aux droits « politiques, et qu'elle n'a été inventée que pour ex- « clure un non-citoyen possesseur de biens du gou- « vernement de la chose publique ; alors il fallut né- « cessairement lui refuser le droit de posséder certaines « choses avec les mêmes priviléges que les citoyens « romains; et pour arriver à ce résultat, il fut décidé « qu'on ne pourrait acquérir des choses déterminées « qu'en observant certaines formalités propres, spé- « ciales à ces derniers. De cette manière, les non-ci- « toyens purent bien posséder ces mêmes choses, mais « ils ne purent plus jouir des priviléges attachés à la « possession comme ils le faisaient auparavant, et « c'est peut-être en ce sens qu'il faut entendre ce pas- « sage de la loi des Douze Tables : *adversus hostem* « *æterna auctoritas.*

« Cette première division du domaine en amena « une autre parmi les choses, qui a au moins une « aussi grande importance politique que celle du do- « maine. Les unes furent appelées *mancipi*, les au- « tres *res mancipi*, suivant leur plus ou moins de va- « leur.

« Lorsque Servius Tullius institua les comices « par centuries, il fallut distinguer les objets dont « les citoyens étaient propriétaires, de ceux qui ap- « partenaient aux non-citoyens. De plus, il fallut éva- « luer les biens de chaque citoyen, afin qu'on le classât « d'après sa fortune. Or, n'est-il pas probable qu'on « évalua seulement tout ce qui passait en ces temps- « là pour précieux, et que les choses évaluées con- « tribuaient seules à faire mettre un citoyen dans « telle plutôt que dans telle autre classe. Et à cause « de l'importance politique que dorénavant l'on de- « vait attacher à la propriété de ces choses, il fut ré- « solu que les citoyens pourraient seuls les acquérir « *ex jure quiritium*, en exécutant certaines formali- « tés; car le changement de propriétaire, non seule- « ment ne devait pas rester ignoré, mais devait être « public, connu de tout le monde, afin que le même « individu, qui, par une vente de ces mêmes choses, « aurait entièrement conféré à un autre tous les droits « qu'il avait à leur occasion, ne demeurât pas dans la « classe qu'il occupait à raison de la possession de ces « mêmes choses. Ainsi lorsque de la pleine pro-

« priété (*jus plenum*) naquit un droit politique, on « dut nécessairement refuser au non-citoyen le droit « d'user des formalités (*commercium*) requises pour « acquérir sur elles et par elles un droit dorénavant « attaché uniquement à la qualité de citoyen.

« Quant aux choses qui étaient d'une moindre valeur, « ou du moins qui passaient pour moins précieuses, « elles ne furent pas évaluées et purent devenir la « propriété des citoyens comme des non-citoyens. A « leur égard il n'y eut qu'un seul domaine ; on en était « ou l'on n'en était pas propriétaire. Aucune formalité « ne fut introduite ; on s'en tint au droit commun (*jus « gentium*), parce qu'elles ne concédaient aucune pré- « rogative. . . . .

« . . . .

« Par cette double division et du domaine et des « choses, Servius Tullius paralysa entièrement l'in- « fluence qu'auraient pu avoir les non-citoyens dans « les affaires de la république ; ce n'est peut-être qu'a- « lors que l'on compta des citoyens et des personnes « qui ne l'étaient pas . . . .

« . . . .

« Nous avons dit que pour acquérir *ex jure quiri- « tium* une chose *mancipi*, il fallait employer cer- « taines formalités propres, spéciales aux citoyens « romains. Quels sont donc ces moyens privilégiés ? « Le droit civil en compte trois : l'*in jure cessio*, « l'*usucapio* et la *mancipatio*.

« Ainsi un citoyen romain qui voulait de suite ac- « quérir une chose *mancipi*, *ex jure quiritium*, possé- « dée par un autre citoyen au même titre, devait user « des formes prescrites par le droit civil, c'est-à-dire, « la *mancipatio* ou l'*in jure cessio*. Si au contraire il « possédait cette chose en vertu d'une *traditio*, c'est- « à-dire en vertu du droit des gens (*jus gentium*), il « ne l'avait qu'*in bonis*; et pour obtenir les priviléges « inhérens au domaine *ex jure quiritium*, il devait « attendre l'expiration du temps requis pour l'*usu-* « *capio*.

« Les formalités exigées par le droit civil pour ac- « quérir *ex jure quiritium* une chose *mancipi*, n'étaient « requises que lorsqu'un citoyen possédait cette chose « *ex jure quiritium*; de telle sorte que le non-citoyen, « qui avait acquis une chose *mancipi* d'un citoyen, « n'avait pu obtenir cette chose qu'*in bonis*, parce « qu'il n'avait eu que la faculté d'user de la *traditio*, « et le citoyen conservait toujours sur cette chose le « domaine *ex jure quiritium*, jusqu'à ce qu'un autre « citoyen vînt le déposséder par le moyen de l'*usuca-* « *pio*, après avoir acquis de l'étranger la chose d'après « le droit des gens. . . . .

« . . . .

« En résumé, toutes les fois qu'une chose *mancipi* « était possédée *ex jure quiritium*, pour la détenir de « la même manière et avec les mêmes droits et préroga- « tives, on devait employer la solennité dans les for-

« mes ; mais, au contraire, quand elle n'était qu'*in* « *bonis*, qu'il n'y avait point de propriétaire *ex jure* « *quiritium*, alors, par cela même qu'on était citoyen « et qu'on était devenu propriétaire de cette chose, « on la possédait *ex jure quiritium.*

« Cette double division du domaine et des choses « en amena peut-être une autre, celle des citoyens et « des non-citoyens ou étrangers, qui est elle-même la « source de cette distinction du droit, en droit civil « (*jus civile*, *jus ex jure quiritium*) et droit des gens « (*jus gentium*). Le premier est celui qu'un peuple s'est « donné ; il lui est propre, spécial, les citoyens seuls « peuvent en user. Le second, au contraire, est celui qui « régit l'universalité des hommes ; non-seulement les « citoyens, mais encore les étrangers ; il règle les rap- « ports des hommes entre eux. Les législations de « chaque peuple sont formées avec le droit civil et le « droit des gens. Le premier tient spécialement aux rap- « ports de citoyens, le second aux rapports d'hommes. »

De ce qui précède, il résulte que Servius Tullius, en instituant les comices par centuries, avait voulu faire représenter, pour la formation des actes législatifs, la propriété tant foncière que mobilière, et attribuer une influence marquée et considérable aux grands possesseurs. De cette manière il retirait le vote à la classe prolétaire. Ainsi donc on considérait d'abord les choses, ensuite les personnes.

Maintenant, examinons si ces idées romaines ne

pourraient pas être appliquées à notre état actuel, sous l'empire de la Charte, et s'il n'y aurait pas avantage à en faire l'application.

La Charte, art. 38 et 40, réclame deux conditions essentielles pour être électeur ou éligible : payer la somme d'impôt et avoir l'âge requis.

Jusqu'ici, de même qu'à Rome, notre pacte fondamental considère les choses et ensuite les personnes à l'occasion de ces mêmes choses; car, avant toute autre condition, il faut payer la somme voulue de contribution. Ainsi, l'un et l'autre législateur désirait la représentation du territoire et des biens mobiliers, et s'inquiétait peu des droits politiques conférés à la personne en tant que personne, puisque la capacité personnelle de chaque citoyen n'était appréciée qu'après avoir satisfait à la condition de posséder civiquement une valeur de biens déterminée.

En France l'on n'a pas, comme à Rome, distingué deux espèces de choses; mais il y a bien deux sortes de domaine : le domaine politique et le domaine naturel.

Pour acquérir le domaine naturel, on suit les règles tracées par le Code civil, règles plus ou moins claires, plus ou moins certaines. Pour acquérir le domaine politique, quelques lois organiques en ont fixé le mode.

Ainsi qu'à Rome, un citoyen peut-il, en exécutant certaines formalités, acquérir de suite le domaine politique ou civil? Non, un seul cas excepté; le possesseur à titre successif. Ainsi, en thèse générale, en acquérant un immeuble ou un bien mobilier, et payant la quote de contribution qui lui est dévolue, un citoyen ne peut être nanti du privilége de recevoir la députation ou de déposer son vote dans l'urne électorale, parce que le législateur n'a confié ce privilége à l'acquéreur qu'après un certain délai de possession, c'est-à-dire que les contributions directes ne seront comptées que lorsque la propriété foncière aura été possédée, la location faite, la patente prise, et l'industrie sujette à patente exercée une année avant l'époque de la convocation du collége électoral. Telle est la volonté de l'art. 4 de la loi du 29 juin 1820.

A Rome, deux modes pour acquérir incontinent le domaine politique : la *mancipatio* et l'*in jure cessio*. En France, à proprement parler, on ne le peut ; car la transmission de propriété à titre successif n'est pas une acquisition, dans la force de ce terme, en général, c'est la suite d'une copropriété.

On ne peut donc acquérir le domaine politique que d'une seule manière : par la possession annale. Ici l'on n'a pas établi, comme chez les Romains, une différence entre la possession d'une chose mobilière et la possession d'une chose immobilière.

Voilà ce qui concerne l'acquisition. Maintenant, examinons quel est le but que s'est proposé le législateur en accordant un privilége aux possesseurs payant telle somme d'impôt.

A Rome, l'institution des comices par centuries eut pour but, non d'accorder à tous les citoyens des droits politiques, mais au contraire de ne les concéder qu'aux citoyens grands possesseurs. En effet tous les citoyens étaient divisés en six classes, d'après le degré de fortune. Ces classes formaient à peu près deux cents centuries, et chaque centurie avait une voix. La première classe, la moins nombreuse, mais aussi la plus riche, formait presque la moitié des centuries, tandis que la sixième, la plus nombreuse, ne formait qu'une seule centurie. De là il arrivait que la première classe était presque la seule à consulter. Les dernières ne concouraient jamais à la formation des actes législatifs; les votes n'étaient pas individuels, mais bien à raison du degré de fortune.

De là il faut conclure que Servius voulut que les actes législatifs émanassent de la volonté des grands possesseurs et non de la volonté des personnes douées de talens ou bien du vote individuel. L'intention de ce roi de Rome est certainement de repousser le vote de la multitude, de le restreindre aux personnes qui donnaient une garantie; et il crut trouver cette garantie dans la possession de biens pour une certaine valeur; il la méconnut dans le talent, le mérite. De telle sorte que l'idiot possesseur jouissait de priviléges dont le savant sans fortune était privé, quoiqu'à coup sûr il sût mieux apprécier l'importance de la conduite qu'il était appelé à tenir.

Le législateur français a édifié sur la même base; le mérite personnel l'a peu frappé, il n'a concédé de droits qu'aux citoyens payant une certaine somme d'impôts. Son intention, et l'on ne peut la méconnaître, a été de faire représenter le territoire par les possesseurs; tel est le but des dispositions de l'article 2 de la loi du 5 février 1817, qui déclare qu'au mari compteront les contributions payées au nom de sa femme même non commune en biens; et au père celles des biens de ses enfans mineurs dont il aura la jouissance; et de l'article 5 de la loi du 29 juin 1820, ainsi conçu : « Les contributions foncières payées par une « veuve sont comptées à celui de ses fils, à défaut de « de fils à celui de ses petits-fils, et à défaut de fils et « de petits-fils à celui de ses gendres qu'elle désigne. »

Ainsi donc, le législateur a pris pour base la masse des contributions tant foncières que mobilières. Ce principe une fois admis il a senti que les contributions mobilières pourraient l'emporter sur les contributions foncières, et qu'alors le territoire serait imparfaitement représenté. Pour obvier à cet inconvénient, le législateur a décrété les dispositions dont nous venons de parler; mais il n'a pas encore atteint son but.

La grande et la petite propriété doivent être représentées; de là les colléges de département et les colléges d'arrondissement : rien de mieux (1). Il serait à

(1) Je n'entends pas parler du double vote : je pense qu'il serait utile que chaque département eût son représentant de la grande

souhaiter que chaque classe de Français pût avoir son organe à la chambre ; les possesseurs, les marins, les militaires, les magistrats, les savans, etc. Mais alors il faudrait que la Charte n'eût pas impérieusement décrété que pour être électeur et éligible il fallait absolument, sauf une exception, payer telle somme d'impôts. Prenant l'état de chose existant, il serait cependant utile, ce me semble, de décider, ainsi qu'à Rome, que le domaine politique resterait entre les mains de l'ancien possesseur tant que le nouveau possesseur ne l'aurait pas acquis par le laps de temps requis.

Pour cela il suffit de bien distinguer le droit civil du droit des gens. Par le moyen de ce dernier on acquiert le domaine naturel ; les citoyens comme les étrangers en jouissent. Mais pour le droit civil, il est propre, spécial aux nationaux ; alors eux seuls peuvent en user, et par conséquent acquérir le domaine politique. Il ne reste donc au législateur qu'à déterminer comment on perd le domaine politique, puisqu'il a fait connaître comment on l'acquérait.

Le résultat de cette détermination sera de donner plus de poids aux propriétaires d'immeubles dans les colléges électoraux : ce qui doit être dans le système de

propriété comme de la propriété à 300 fr. d'impôts. Il y aurait alors deux classes d'électeurs : la classe des plus imposés, qui, pour cela, ne doivent pas jouir du privilége d'avoir des députés de leur choix et dans les grands et dans les petits colléges; ensuite la classe des moins imposés. Je ne crois pas que cette distinction soit contraire à l'esprit de la Charte ni à l'article 40.

notre constitution, qui demande pour garantie la propriété. Or, la propriété des immeubles est plus sûre que la propriété des meubles.

De plus, ce sera le moyen de conserver la représentation de la portion du territoire qu'un étranger possède. En effet, l'ancien possesseur français conservera toujours son domaine politique tant que l'étranger conservera son domaine naturel, jusqu'à ce qu'un Français faisant l'acquisition de ces immeubles par le droit des gens, les ait possédés un assez long espace de temps pour acquérir le domaine politique, ce qui est la déclaration du droit civil.

Maintenant, il n'est pas difficile d'apercevoir que nos lois appelées civiles ne sont nullement en harmonie avec la Charte. Dans le Code civil, on a confondu le droit civil avec le droit des gens; de telle sorte que l'étranger, à peu d'exceptions près, jouit de tous les droits civils. Lui refuse-t-on de faire un testament, une donation, une reconnaissance d'enfant naturel, de recevoir par donation ou testament ou d'être reconnu par son père naturel? lui est-il défendu d'adopter ou d'être adopté? S'il contracte mariage, quelle loi réglera son contrat? aura-t-il la puissance paternelle ou maritale? On pourrait multiplier les exemples; toutefois on est d'accord à lui refuser la tutelle, ainsi que le droit d'être membre d'un conseil de famille et d'y voter; d'être admis au bénéfice de cession, d'avoir un domicile et d'être traduit devant ses juges naturels.

Cependant il n'existe, à ma connaissance, aucun texte formel de loi; si ce n'est pour le rendre incapable de témoignage, soit en justice, soit dans un acte solennel, et de plaider sans caution. Hors ces deux cas, la loi n'est point impérative, et la jurisprudence ne peut pas plus être considérée comme une loi invariable que les opinions des auteurs.

Cette grande division en droit civil et droit des gens est donc utile, ne fut-ce que pour déterminer la capacité réciproque des citoyens et des étrangers; alors on pourrait bien faire connaître ou pour mieux dire établir les règles auxquelles sont soumis les nationaux en pays étranger. Comme conséquence de cette division, on distingue les contrats en contrats civils et en contrats de bonne foi ou du droit des gens. C'est alors qu'on sera obligé de décider si le contrat de mariage est un contrat civil ou un contrat du droit des gens exécutoire même en pays étranger, quoique formé par un ou plusieurs étrangers; si le mariage est de droit civil ou du droit des gens.

Si les rédacteurs de nos lois ont été dans l'impossibilité physique de mettre en harmonie ce qu'ils créaient avec ce qui n'existaït pas encore; aujourd'hui qu'on a une base fondamentale invariable, qui garantit les droits de la couronne comme les droits de la nation, ne serait-il pas utile, peut-être même nécessaire de mettre de l'unité entre le droit public et le droit privé? par là on arrive à donner plus de sécurité à la liberté privée et plus de consistance à la liberté civile et politique.

Qu'on nous pardonne cette introduction, qui semble sortir du cadre de cet ouvrage. Quelques personnes pourront n'y voir que des rapprochemens plus ou moins ingénieux de notre droit avec le droit romain ; quelques autres s'effraieront à la seule analogie et croiront déjà notre droit hérissé de difficultés qu'on s'est plu de prêter aux jurisconsultes romains sans faire attention que ces subtilités n'ont été le plus souvent enfantées que par les interprètes modernes des écrits de ces mêmes jurisconsultes ; interprètes doués d'un grand savoir, mais qui cependant croyaient que les monumens législatifs et les écrits juridiques produits dans l'espace de plus de cinq siècles fussent d'accord. Ils ne pensaient pas que la science doit toujours aller de progrès en progrès ; qu'elle ne peut rester stagnante.

EXPOSÉ

D'UN NOUVEAU SYSTÈME

DE TRANSLATION DE PROPRIÉTÉ.

Dans les nouvelles lois hypothécaires, on a décrété que l'hypothèque devait cesser d'être occulte; et l'on a cru reconnaître que la publicité pouvait seule garantir tous les intérêts. On s'est, il me semble, trompé dans cette appréciation. La publicité n'est pas un but, c'est un moyen. Toute bonne loi hypothécaire doit donner non-seulement les moyens d'acheter et de prêter avec sécurité, mais encore ne doit faire jouir un propriétaire d'un crédit qui outrepasse ses véritables facultés; et si elle ne satisfait pas à cette double condition, elle est vicieuse dans son essence.

Tout système hypothécaire se rattache nécessairement à l'ensemble de la législation; il ne peut donc produire son effet qu'autant qu'il est coordonné au système général de la transmission des droits réels, des sociétés entre époux, de la tutelle, etc.

Si je viens d'énoncer une vérité, on ne sera plus étonné des changemens que j'ai cru devoir faire éprouver aux lois qui nous régissent.

CHAPITRE PREMIER.

DIVISION DES DROITS EN RÉELS ET PERSONNELS.

Avant d'indiquer les formes conservatrices qui devront présider à la translation de propriété, il nous semble important de distinguer exactement les choses qui peuvent former un patrimoine.

Les choses sont corporelles ou incorporelles, mobilières ou immobilières.

D'après notre système, la possession est le fait qui opère la translation de propriété de toute espèce de choses. Seulement cette possession sera le résultat de divers actes, suivant l'espèce de chose dont il s'agira.

En adoptant que la possession seule soit le signe unique de la translation de propriété, on évite les fraudes résultant de deux ventes successives. On peut, il est vrai, tromper une espérance; mais au moins on ne peut plus vendre la propriété d'autrui, puisque la translation de propriété ne sera plus le résultat immédiat de la formation ou de l'effet de l'obligation.

A raison du droit qui précède la translation de propriété, j'ai été amené à ne regarder les choses corporelles et incorporelles, mobilières et immobilières, que comme donnant naissance à des droits réels ou personnels. Cette importante distinction ne représente au fond que la différence qu'il y a entre promettre de faire et faire, entre la confection d'une obligation et son exécution. Distinction d'autant plus vraie pour tout droit relatif à une chose, qu'on ne peut agir en faveur d'autrui que de ces deux manières. En effet, promettre soit de faire, soit de donner, soit de laisser faire, c'est enrichir le patrimoine d'autrui seulement de l'espérance d'une attente; tandis qu'au contraire donner, faire, laisser faire actuellement, c'est transférer la propriété. Dans le premier cas, on augmente le patrimoine d'espérance; dans le second, le patrimoine matériel.

Pour bien apprécier l'importance de la distinction des droits en réels et personnels, ainsi que des actions qui en dérivent, il est nécessaire de faire connaître l'obligation, son effet et son exécution.

Toute obligation est le résultat de la volonté respective des parties. Quoique le consentement suffise pour la former, cependant l'obligation n'existe quelquefois qu'autant que l'objet a été livré. De là viennent les obligations consensuelles et les obligations réelles.

Si nous recherchons la cause génératrice de toute obligation, nous dirons qu'elle est manifestement produite par la seule volonté de l'homme, sans le concours d'aucune loi. Car le législateur ne crée pas plus l'obligation que la propriété; il ne fait que la reconnaître, la sanctionner, la consacrer. Ainsi l'obligation est entièrement indépendante de la loi.

Maintenant, si l'obligation ne peut être le résultat direct de la loi, et si la cause génératrice lui est préexistante, il sera difficile de reconnaître des obligations civiles et des obligations naturelles.

Toutefois nous devons remarquer que l'erreur de cette division porte principalement sur le sens des mots. En effet, l'expression *obligation* est le terme générique; il présente un sens large, étendu, que l'on a restreint par l'addition des adjectifs *naturel* et *civil*, pris par opposition.

Ainsi, par *obligation naturelle* on a toujours désigné l'obligation non encore revêtue de forme ou reconnue par le législateur; et par *obligation civile*, on a rendu l'idée d'une obligation sanctionnée et consacrée par la loi; tandis que pour éviter toute confusion, on aurait dû seulement l'appeler *contrat*.

Une obligation ne cesse pas d'avoir cette qualité, parce que le législateur lui a imposé une forme ou l'a reconnue. Il y a entre l'obligation et le contrat la différence qui existe entre le genre et l'espèce; en effet, toute obligation ne devient pas contrat, mais tout contrat est obligation. La sanction en fait la seule différence.

Aussi un contrat déclaré nul en tant que contrat, n'invalide en rien l'obligation qui subsiste toujours, indépendamment de toutes les formes dont il aura plu au législateur de la revêtir pour en faire un contrat.

L'obligation une fois formée confère au créancier un droit personnel; son effet est de contraindre le débiteur à l'exécuter. C'est la raison et la conscience qui commandent de satisfaire à l'engagement. Tel est le moyen de coaction qui existe dans toute obligation.

L'exécution transfère la propriété; elle est la conséquence du lien moral qui astreint à satisfaire à l'engagement que l'on a souscrit.

Ainsi la formation d'une obligation donne naissance à un droit personnel; son effet engendre une action personnelle, qui est un moyen coactif; et son exécution, suite de son effet, transforme le droit personnel en un droit réel.

Voilà les conséquences de la formation de l'effet et de l'exécution de toute obligation; passons aux contrats.

L'obligation sanctionnée, reconnue, consacrée et formulée par le législateur, se nomme *contrat*, non parce qu'elle cesse d'être obligation, ce qui ne peut être, mais pour la distinguer de celle indépendante des formes et conditions imposées par la loi.

Le législateur déclare qu'il ne reconnaîtra comme contrat, que les obligations que l'on aura formées en suivant telles formalités, telles conditions. Ainsi, par exemple, un mineur, une femme mariée, etc., peuvent former une obligation, mais sont incapables de former un contrat, parce que le législateur leur en refuse le pouvoir. La formation ou confection d'un contrat donne naissance à un droit personnel. Le fait de l'existence du contrat a le même résultat que le fait de l'existence de l'obligation. Jusqu'ici la consécration du législateur n'opère aucun changement; les conséquences sont absolument les mêmes. La différence n'existe réellement que dans l'effet. Nous venons de dire que l'effet d'une obligation était d'engendrer une action personnelle. Celui du contrat est semblable. Cependant l'action personnelle résultant d'une obligation simple, n'est qu'un lien moral qui est la raison et la conscience. Voilà le moyen coactif. Tandis que l'action personnelle résultant du contrat est une formule en vertu de laquelle les tribunaux astreignent le débiteur à remplir son engagement. Formule semblable en quelque sorte à celle que, d'après le droit romain, le prêteur donnait aux *judices*. Ainsi le législateur délivre une action physique, qu'on me passe l'expression, pour toutes les obligations que l'on aura contractées d'après les règles qu'il aura posées ; mais il la refuse pour toutes les autres obligations qu'il n'a pas sanctionnées. Toutefois il se garde bien de méconnaître l'obligation qu'il ne consacre pas, sans la protéger, sans la secourir; il l'abandonne à sa propre puissance. Ainsi la loi ne peut permettre de réclamer ce que l'on a payé en vertu d'une obligation que la loi ne sanctionnait pas. Nous en avons maints exemples dans le Code civil, principalement aux articles 1235, 1967, 2012, etc.

Pour ce qui est de l'exécution d'un contrat, l'effet est le même que de celle d'une obligation ; pour l'un comme pour l'autre il y a translation de propriété, et par conséquent transformation d'un droit personnel en un droit réel. Il est seulement à remarquer ici que le législateur impose une forme à cette translation.

En résumé, l'obligation ainsi que le contrat confère un droit, tandis que la translation n'est qu'un fait subordonné à l'exécution de l'obligation ou du contrat, en vertu duquel l'un et l'autre cessent ; de telle sorte que pour acquérir simplement un droit personnel, le consentement suffit, parce qu'on n'augmente son patrimoine que d'une espérance ; mais au contraire, pour acquérir le domaine ou l'un de ses démembremens, c'est-à-dire un droit réel, il faut un fait qui, à l'égard des tiers, ne puisse être révoqué en doute.

CHAPITRE II.

DE LA PROPRIÉTÉ.

Si, dans le chapitre précédent, la distinction des droits résultant soit d'une obligation, soit de son exécution, a été bien établie, je dois maintenant faire connaître à quoi s'attache le droit de propriété.

Et d'abord, il est utile de faire remarquer qu'on est propriétaire d'un droit personnel, tout aussi bien que d'un droit réel; en effet, le Code civil nous enseigne, articles 1689 et suivans, comment s'opère le transport d'une créance, c'est-à-dire le transport d'un droit personnel, d'une espérance. Toutefois on considère plus particulièrement la propriété à l'égard des objets matériels que par rapport aux droits incorporels.

La propriété est ce droit absolu que les Romains définissaient *jus utendi et abutendi sua re,* définition reproduite littéralement dans l'article 544 du Code civil en ces termes : « La propriété est le droit de « jouir et disposer des choses de la manière la plus « absolue, pourvu qu'on n'en fasse pas un usage « prohibé par les lois ou par les règlemens. » Ceci s'applique aussi bien à la propriété des choses corporelles qu'à celle des choses incorporelles.

Le droit de propriété nous semble présenter une idée complexe; car il nous semble être formé de l'agglomération de plusieurs droits réels, qui chacun sont un démembrement de la propriété; ainsi la propriété est, selon nous, la réunion sur une seule tête, de tous les droits réels qui peuvent grever une chose. Maintenant chaque droit réel est lui-même susceptible de la même propriété et sujet à certains démembremens.

Le domaine ou la propriété d'un immeuble se compose des droits réels suivans :

1°. La possession;
2°. La délivrance;
3°. Les servitudes;
4°. L'usufruit;
5°. L'usage;
6°. L'habitation;
7°. L'antichrèse;
8°. Le privilége;
9°. L'hypothèque;
10°. Le louage.

Examinons maintenant chacun de ces droits réels, et faisons connaître de quels droits réels ou démembremens leur propriété est susceptible.

I. La possession est sans contredit le droit réel le plus favorisé, le plus étendu. Aussi est-ce le possesseur seul qui a le droit de créer les autres droits réels quand le propriétaire a cessé d'avoir cette qualité; ce qui arrive lorsqu'il a fait un démembrement; car, pour être propriétaire, il faut réunir sur sa tête les dix droits réels sus-énoncés; or, la destruction d'un seul détruit l'absolu; et de propriétaire du tout l'on devient possesseur d'une ou de plusieurs parties; de là vient qu'on a des copropriétaires de droits réels; mais ces copropriétaires ne peuvent ni ne doivent être égaux en droits; les uns sont plus favorisés que les autres. Aussi la possession, ce droit réel le plus avantagé et le plus considérable, peut-il être démembré par son propriétaire de toute espèce de droits réels *secondaires* (1).

Ainsi, moi possesseur, je puis céder ma possession, c'est-à-dire établir, créer en faveur d'un autre le droit réel de possession; démembrement qui anéantira toutes les prétentions que je puis avoir sur ce sujet. Je puis en promettre la délivrance, le grever d'usufruit, d'usage, d'habitation, de servitude, d'antichrèse, de privilége et d'hypothèque, comme aussi le louer. Dans ces neuf derniers cas, je modifie mon droit absolu de possession, c'est-à-dire que lorsque je fais un de ces démembremens, je ne suis plus propriétaire unique du droit réel de possession; je le partage avec un autre qui a un ou plusieurs droits réels secondaires de possession, tandis que je possède tout ou partie des autres droits réels secondaires de possession.

II. La délivrance, transformée en droit réel, aura pour but d'éviter les fraudes que peuvent faire les possesseurs d'immeubles, lorsqu'ils s'obligent à livrer dans un temps donné, et qu'avant l'échéance ils ne craignent pas de renouveler cette obligation au profit d'un tiers. Ainsi, dans le système du Code civil, ils vendent deux fois, quoique, pour parler plus correcte-

(1) J'appelle droits réels *secondaires*, les droits réels qui sont les démembremens d'autres droits réels, qui, par opposition, sont appelés *primitifs*.

ment, ils ne s'obligent qu'à livrer, c'est-à-dire, à transférer la propriété d'un objet à deux personnes différentes. Eh bien, dans notre système cette obligation pure et simple n'engendre qu'un droit personnel, et par suite, une action personnelle; tandis qu'au contraire cette obligation donnera naissance à un droit réel, la délivrance, quand on aura rempli les formalités requises pour la translation de propriété d'un droit réel. Alors l'obligation produira deux effets et deux exécutions : d'abord le droit de contraindre à la translation de propriété du droit réel la délivrance et cette translation elle-même; ensuite l'action en vertu de laquelle le débiteur propriétaire sera obligé de livrer à l'époque la possession de l'immeuble, et la translation réelle de cet immeuble, c'est-à-dire, du droit de possession. Dans le premier cas on acquiert un droit réel d'une moindre importance; dans le second on remplace ce droit par un plus important, ou plutôt on en cumule deux, le droit de délivrance avec le droit de possession.

Un avantage considérable résultera encore de cette déclaration : c'est que postérieurement à l'acquisition du droit réel de délivrance, on ne pourra établir d'autres droits qui tendraient à diminuer, non le droit de délivrance en lui-même, mais les espérances auxquelles avait droit celui auquel il a été concédé.

En conséquence, aussitôt un droit de délivrance acquis, nul autre droit réel ne peut être aliéné par le copropriétaire de droits réels avec des effets qui s'étendraient au-delà de l'époque de la délivrance.

Ainsi le possesseur ne pourra plus transférer la possession, la délivrance, les servitudes, l'usufruit, l'usage, l'habitation, l'antichrèse, le privilége, l'hypothèque, le louage, si ce n'est pour le temps intermédiaire, de telle sorte qu'au moment de la livraison les droits postérieurement concédés disparaissent : quant à ceux antérieurs, ils sont intacts; nul ne peut transférer plus de droits qu'il n'en a lui-même.

Toutefois, les servitudes pouvant de leur nature être établies nonobstant la volonté du propriétaire de l'objet grevé, la garantie du possesseur à l'égard de celui auquel elles sont concédées résultera du concours du propriétaire du droit réel de délivrance, à moins que la servitude n'ait été constituée par suite d'un acte judiciaire; car alors la servitude sera légalement établie; mais cependant celui qui a obtenu la servitude ne pourra en solder le prix qu'entre les mains du propriétaire du droit réel de délivrance, seulement à l'époque de la livraison, en payant durant l'intervalle l'intérêt de la somme au possesseur.

III. Les servitudes sont déjà dans nos lois des droits réels; nous leur conservons cette qualité. A la différence des autres droits réels, elles ne peuvent pas être démembrées: seulement on peut étendre ou restreindre leur exercice, comme les anéantir; mais jamais les grever d'un autre droit réel.

IV. L'usufruit étant déclaré un droit réel, est de sa nature susceptible d'être démembré. Ainsi le propriétaire d'un droit réel d'usufruit peut consentir sur ce droit tous les droits réels secondaires dont la réunion le rend propriétaire absolu de ce droit réel d'usufruit. En conséquence le droit réel d'usufruit peut être démembré par un ou plusieurs des dix droits réels qui forment le domaine d'un droit réel. Aussitôt le démembrement, on cesse d'être propriétaire ; on devient copropriétaire du droit réel primitif avec chaque propriétaire de droit secondaire : toutefois les droits secondaires concédés par le propriétaire du droit réel d'usufruit s'évanouissent quand la consolidation s'opère.

V. L'usage est un droit réel incessible de sa nature ; par conséquent il ne peut être démembré.

VI. L'habitation est un droit réel semblable au précédent, qui ne peut être grevé d'aucun droit réel secondaire.

VII. L'antichrèse décrétée droit réel peut, ainsi que l'usufruit, être démembrée. Tous les droits réels secondaires peuvent détruire l'absolu du droit primitif ; mais, de même que dans l'usufruit, le propriétaire du droit réel d'antichrèse ne peut conférer sur ce droit réel primitif que des droits réels secondaires, temporaires, qui disparaissent avec le droit réel primitif d'antichrèse.

VIII. Le privilége est un droit réel semblable au précédent, quant aux démembremens que l'on peut en faire.

IX. L'hypothèque est un droit réel que l'on peut

démembrer de même que le privilége, l'antichrèse, l'usufruit.

X. Le louage doit, dans l'intérêt des immeubles, être déclaré un droit réel; le propriétaire de ce droit réel primitif peut le grever temporairement de tous les droits réels secondaires.

Après avoir parcouru succinctement les droits que concède la propriété des divers droits réels qui forment le domaine, il a été facile de remarquer qu'il y en a de deux sortes : les uns perpétuels, tels que la possession, la délivrance, les servitudes. Aussi les droits réels secondaires, que les propriétaires démembrent, prennent eux-mêmes le caractère de perpétuité, et peuvent quelquefois devenir droits réels primitifs. Les autres sont temporaires, tels que l'usufruit, l'usage, l'habitation, l'antichrèse, le privilége, l'hypothèque, le louage, et par cela qu'ils doivent cesser, le propriétaire ne peut accorder que des droits réels secondaires, qui disparaissent quand les droits réels primitifs s'éclipsent eux-mêmes.

Passons maintenant aux meubles.

Le domaine ou la propriété d'un objet mobilier se compose des droits réels suivans :

1°. La possession;

2°. Le privilége.

Les droits réels mobiliers sont différens, sous plusieurs rapports, de ceux dont nous venons de parler, puisqu'en cédant le droit réel de possession, on cède généralement la propriété entière du meuble ; et c'est en ce sens, que l'article 2279 du Code civil dit avec raison, qu'*en fait de meubles, possession vaut titre.* car un débiteur de mauvaise foi détruit dans certains cas le privilége accordé au créancier, quand il cède sa possession à un tiers de bonne foi.

Dans quelques circonstances le propriétaire du droit réel, le privilége, peut l'aliéner, c'est-à-dire qu'il transfère son privilége à une autre personne qu'il se subroge.

CHAPITRE III.

DE LA TRANSLATION DE PROPRIÉTÉ.

L'obligation, au moment où elle est consentie, ne dépouille pas le propriétaire de l'un des droits réels qui forment la propriété et qu'il a promis de livrer; elle concède seulement contre lui une action personnelle en vertu de laquelle on le contraint de s'en dépouiller en le forçant d'exécuter son engagement. Tant qu'il n'y a pas livraison, le créancier n'est propriétaire que d'un droit personnel; la livraison une fois opérée, il est nanti d'un droit réel.

La propriété considérée comme étant la réunion de tous les droits réels sur une même tête, nous n'avons plus qu'à examiner la translation de propriété des droits réels. Maintenant, par une sorte d'éclectisme en législation, qu'il me soit permis d'emprunter à chaque législation étrangère ce que j'aurai cru utile. J'ai coordonné, autant que cela m'a été possible, les divers extraits des législations anciennes et modernes, en les adaptant toutefois au système général que je me suis imposé.

J'ai cru devoir poser en principe que la transmission de tout droit réel s'opère par une manifestation publique et indélébile, qui est le fait de l'exécution de l'obligation.

§ I. *Des meubles.*

A l'égard des meubles, l'on ne peut avoir qu'un fait qui transmet la propriété, c'est le nantissement opéré par la possession même de la chose, ou bien par un acte qui détermine qu'elle a changé de possesseur. C'est pour cela que le législateur du Code civil a dit, dans l'art. 1141, que « si la chose qu'on s'est obligé « de donner ou de livrer à deux personnes successive- « ment est purement mobilière, celle des deux qui en « a été mise en possession réelle est préférée et en « demeure propriétaire, encore que son titre soit pos- « térieur en date, pourvu toutefois que la possession « soit de bonne foi ». Et dans l'art. 2279, qu'*en fait de meubles, la possession vaut titre.*

Ainsi, à l'égard des meubles, la possession en déterminera le propriétaire; de même le propriétaire du privilége, s'il résulte du nantissement; car, si le privilége résulte de la qualité de la créance ou plutôt de la faveur qui lui est due, alors ce droit réel peut s'évanouir, parce qu'on ne peut en constater l'existence par un fait public.

§ II. *Des immeubles.*

A l'égard des immeubles, pour constater le fait de l'exécution de l'obligation, lequel détruit le domaine par l'aliénation ou la distraction d'un droit réel, nous croyons devoir emprunter au Code autrichien les dispositions suivantes :

Nul ne peut transférer un droit réel immobilier, s'il n'est inscrit comme propriétaire de ce droit, si tant est qu'il soit transférable, sur les registres publics à ce destinés.

Nul ne peut se prétendre acquéreur s'il n'a fait inscrire son titre; faute par le prétendant droit d'avoir observé cette formalité, il n'a qu'une simple créance personnelle contre le débiteur, c'est-à-dire qu'il n'est propriétaire que d'un droit personnel.

Nul ne peut perdre sa propriété, soit le domaine, soit l'un de ses démembremens, sans l'inscription du titre de déchéance.

Les acquisitions à titre onéreux ou à titre gratuit, ainsi que les transmissions entre-vifs ou à cause de mort, doivent être soumises aux mêmes formalités.

Ce système de transmission repose sur cette base uniforme, *la publicité*. Il offre les avantages suivans: plus d'évictions imprévues à craindre; l'acquéreur comme le prêteur ne courront que la chance de la perte de la chose. L'extrait de l'inscription fera connaître d'une manière certaine les charges qui grèvent l'immeuble, en présentant la généalogie des divers propriétaires de droits réels qui se sont succédé.

L'inscription sera le fait que réclame la sûreté publique; elle déterminera la translation du domaine comme de chacun des droits réels. Il n'y aura plus de vente ayant pour effet de transmettre la propriété; cette translation n'aura lieu qu'au moment de l'inscription, c'est-à-dire, du jour même. Avant l'inscription de l'acte qui aliène un droit réel, celui au profit duquel il a été consenti n'a qu'un droit personnel, qui, par l'inscription, se transforme en un droit réel et offre une garantie sûre.

CHAPITRE IV.

DES PROPRIÉTAIRES DE DROITS PERSONNELS.

Ainsi que l'énonce l'article 2092 du Code civil, *quiconque s'est obligé personnellement, est tenu de remplir son engagement sur tous ses biens mobiliers et immobiliers, présens et à venir*. Ce principe est incontestable; il tient essentiellement à l'obligation, qui, engageant la personne elle-même du débiteur, fait aussi reposer son exécution sur les biens qu'il possède ou qu'il possèdera par la suite, quelle que soit leur nature. La conséquence naturelle et rigoureuse de ce principe est que, nonobstant l'abandon total de tout ce que possède le débiteur, il n'en demeure pas moins débiteur jusqu'à l'acquittement intégral de la dette, ou jusqu'à la remise que pourrait consentir le créancier.

L'effet d'une obligation est de rendre les biens du débiteur le gage commun de ses créanciers, en ce sens que, si tel bien ne suffit pas pour éteindre l'engagement, le créancier pourra poursuivre l'exécution de l'obligation sur tel autre bien.

Un propriétaire de droit réel peut devenir propriétaire de droit personnel si la chose, sur laquelle il a un droit, ne remplit pas les conditions auxquelles s'étaient engagées les parties contractantes, de telle sorte qu'il change de rôle. Il cesse d'être propriétaire de droit réel, et il devient propriétaire personnel, soit pour la totalité de l'obligation, soit seulement pour une partie, suivant que l'engagement aura reçu son exécution en tout ou en partie d'après l'intention commune des parties.

Les droits des créanciers chirographaires, que nous appelons propriétaires de droits personnels, se règlent par l'autorité du titre ayant une date certaine. Ainsi le créancier possesseur d'un titre ayant la date la plus ancienne sera soldé avant les autres, et ainsi de suite. La date certaine résultant de l'enregistrement réclamant des dépenses accessoires exorbitantes, à raison du droit proportionnel, il serait avantageux ou de n'établir qu'un droit fixe pour toute obligation qui n'engendre qu'une action personnelle, ou du moins le diminuer tellement, qu'il n'effraie pas par la dépense. Si le droit était minime, quel serait le créancier qui voudrait courir une chance qu'il pourrait éviter par une dépense modique.

CHAPITRE V.

DES PROPRIÉTAIRES DE DROITS RÉELS.

D'après ce que nous avons établi, que le domaine ou la propriété se compose de la réunion de tous les droits réels, la distraction de l'un d'eux fait disparaître le droit absolu que conférait cette agglomération, de telle sorte que le domaine se trouve alors indivisément possédé. Ainsi il est vrai de dire qu'il n'y a point alors de propriétaire du domaine, mais seulement des propriétaires de droits réels.

Nous avons déjà démontré précédemment, dans le chapitre II, *De la propriété*, que chaque propriétaire de droit réel pouvait l'aliéner ou en totalité ou bien en partie, s'il peut être démembré.

Ainsi, un seul droit réel étant aliéné, on ne trouve plus que des copropriétaires de droits réels. Les droits de ces copropriétaires varient suivant qu'il porte sur des meubles ou sur des immeubles.

SECTION PREMIÈRE.

DROITS RÉELS MOBILIERS.

Les droits réels mobiliers sont au nombre de deux : la possession et le privilége. La possession s'acquiert par le nantissement opéré de bonne foi. Au contraire, l'acquisition du privilége est le résultat ou du nantissement ou de la faveur accordée à certaines créances.

Ainsi, en concédant un privilége, je ne cède cependant pas entièrement les droits que je puis avoir sur l'objet, par la livraison que j'en fais, puisque, par cette tradition, je n'aurai concédé qu'un droit réel.

§ I. *Priviléges généraux.*

Le privilége général est un droit qui dérive de la faveur que la loi attache à certaine créance, dont l'effet est de préférer un créancier à un autre. Des motifs d'ordre public ou d'humanité en sont la véritable cause.

Les priviléges généraux sont :

1°. Les frais de justice ;

2°. Les contributions mobilières et personnelles de l'année échue ;

3°. Les frais funéraires.

4°. Les frais de dernière maladie ;

5°. Les salaires des gens de service, pour l'année échue et l'année courante ;

6°. Les fournitures de subsistance faites au débiteur ou à sa famille.

Savoir pendant les six derniers mois par les marchands en détail, et pendant la dernière année, par les maîtres de pension et les marchands en gros.

7°. Les condamnations judiciaires, pour cause de crimes ou délits envers l'État.

§ II. *Priviléges spéciaux.*

Ainsi que les précédens, les priviléges spéciaux ne dérivent pas précisément de la faveur que la loi attache à certaine créance; ils sont réellement établis par le propriétaire, puisqu'ils ne résultent que de sa volonté, publiquement manifestée par une livraison.

Les priviléges spéciaux sont :

1°. Les frais de justice et de conservation ;

2°. Les loyers et réparations locatives sur le prix de tout ce qui garnit la maison louée, pour tout ce qui est échu ou à échoir, si les baux ont date certaine. Les autres créanciers sont subrogés aux droits des débiteurs à l'égard des baux; toutefois après avoir indemnisé le bailleur. Si au contraire les baux n'ont pas date certaine, ou si les baux sont verbaux pour une année, à partir de l'expiration de l'année courante ;

3°. Les fermages et les réparations locatives des immeubles sur les fruits de la récolte de l'année, et sur le prix de tout ce qui garnit la ferme, et de tout ce qui sert à son exploitation, pour tout ce qui est échu ou à échoir, si les baux ont date certaine; dans ce cas, les autres créanciers ont le droit d'être subrogés aux droits de leurs débiteurs à l'égard des baux, après avoir indemnisé le bailleur, si les baux n'ont pas date certaine, ou s'ils sont verbaux, seulement pour une année, à partir de l'expiration de l'année courante.

Toutefois les sommes dues pour les semences ou pour les frais de la récolte de l'année sont payées sur le prix de la récolte, ainsi que celles dues pour ustensiles sur le prix de ces ustensiles, par préférence aux sommes dues au bailleur pour fermage et réparations locatives, parce que les fruits produits par la chose n'appartiennent au possesseur qu'à la charge de rembourser les frais des labours, travaux et semences faits par des tiers, ainsi que l'énonce l'article 548 du Code civil. Ce privilége, qu'on pourrait nommer *privilége par excellence*, tire son origine de l'ordre public et de la protection que tout législateur doit accorder à l'agriculture; aussi doit-on bien se garder de le confondre avec les autres priviléges spéciaux qui ont tous la même cause de préférence.

4°. La créance sur le gage dont le créancier est saisi;

5°. Les fournitures d'un aubergiste sur les effets du voyageur, qui ont été transportés dans son auberge;

6°. Les frais de voiture et les dépenses accessoires sur la chose voiturée;

7°. Les créances résultant d'abus et prévarications commis par les fonctionnaires publics dans l'exercice de leurs fonctions, sur les fonds de leur cautionnement, et sur les intérêts qui peuvent en être dus.

Sont encore de véritables priviléges spéciaux, les droits accordés, 1°. au cohéritier qui rapporte à la masse, à raison des sommes qui peuvent lui être dues pour impenses ou améliorations (867); 2°. au commodataire, à raison du remboursement des dépenses qu'il a faites pour la conservation du prêt (1673); 3°. au dépositaire, à raison de ce qui peut lui être dû à l'occasion du dépôt (1948).

Les jurisconsultes s'accordent à appeler cette préférence un droit de *rétention;* mais si nous en examinons la cause première, nous verrons qu'elle prend sa source dans la possession, de même que tous les priviléges spéciaux.

§ III. *Du rang des priviléges.*

Les priviléges spéciaux doivent toujours primer les priviléges généraux, parce que le créancier est nanti de l'objet qui établit sa garantie. Si les frais de justice et de conservation priment le créancier nanti, c'est par cette seule raison qu'ils ont été faits dans son intérêt; de telle sorte que s'ils n'étaient pas tous utiles et nécessaires pour lui conserver son gage, ou arriver à toucher le montant de sa créance, ils ne viendraient point le primer.

Quant au privilége établi sur le cautionnement d'un fonctionnaire public, il n'existe réellement que par l'opposition que ferait le créancier entre les mains du trésor. Cette opposition aura un effet rétroactif, qui doit même primer le privilége du trésor, si la prévarication du fonctionnaire à l'égard du créancier était antérieure à la cause qui aurait établi le privilége du trésor.

Ainsi la possession est la véritable cause qui constitue un privilége spécial, et qui par conséquent détruit le domaine qu'avait antérieurement le débiteur sur l'objet. Alors il y a deux copropriétaires de droits réels; l'un de la possession, quoiqu'il ne soit pas nanti; l'autre du privilége.

Ainsi dans les priviléges spéciaux, il ne peut y avoir concours entre plusieurs créanciers; car, avec la possession disparaît le droit réel du privilége.

Pour les priviléges généraux, ils grèvent tous les meubles en général; mais ils ne s'étendent sur ceux qui sont grevés d'un privilége spécial, que pour l'excédant de la somme pour laquelle l'objet est affecté.

Ils s'exercent dans l'ordre ci-dessus énuméré; et ceux qui sont au même rang viennent par concurrence.

§ IV. *De la revendication.*

La revendication est une espèce de privilége, mais cependant ne prend pas sa source dans les causes dont nous avons parlé ci-dessus. Elle est fondée sur la bonne foi; aussi ne doit-elle avoir lieu que dans trois cas au profit du bailleur, parce que le débiteur possède le gage pour lui, au profit des créanciers qui ont un privilége, lorsque la chose a été distraite par un vol; et enfin au profit du vendeur, parce que l'on doit présumer qu'il n'aurait pas vendu s'il avait connu la position désastreuse de l'acquéreur.

Ainsi le bailleur pourra revendiquer les objets qui garnissaient sa maison dans la quinzaine; et sa ferme dans le délai de quarante jours, à moins qu'il n'ait consenti au déplacement; car alors le tiers nanti l'est valablement. Cette faveur peut être considérée comme un accessoire du privilége que peut exercer le bailleur.

Quant aux autres créanciers privilégiés nantis, ils n'ont la faculté de revendiquer leur gage que dans le cas où il aurait été volé; vol qui peut être commis, soit par un tiers, soit par le débiteur lui-même. Ici encore cette prérogative n'est qu'un accessoire du privilége résultant du nantissement.

Cette revendication doit aussi être accordée aux créanciers qui sont nantis d'un privilége général; car, dans le cas de vol, ils exercent les droits des débiteurs auxquels ils sont subrogés.

Le vendeur qui n'a pas livré sa chose, n'étant débiteur que d'un droit personnel, se trouve libéré par la déconfiture de l'acquéreur, à moins qu'il n'ait reçu le prix d'avance; mais il ne lui a pas transféré la propriété, qui dans notre système n'est acquise que par la possession.

Si l'objet est livré, que la vente soit à terme ou sans terme, il est juste que le vendeur ait le droit de le revendiquer; mais seulement dans un délai déterminé, à dater du jour de la livraison, soit par exemple dans la huitaine de la mise en possession.

Ce bénéfice accordé au vendeur ne doit être exercé que contre les créanciers ayant un privilége général, ou contre les créanciers personnels; la revendication ne peut avoir lieu contre les créanciers privilégiés nantis, que lorsque ceux-ci ont eu connaissance que l'objet sur lequel reposait leur privilége n'appartenait pas au débiteur.

Cette connaissance pourra résulter d'un acte extra-judiciaire, aussi-bien que d'une déclaration par écrit. Autrement, à l'égard du bailleur par exemple, les objets, garnissant la maison ou la ferme, sont censés appartenir au preneur.

Le vendeur n'exerce la revendication qu'à cause de la bonne foi qui doit être le type de toute vente. Mais en l'exécutant il s'est dépouillé de sa propriété; de là vient que sa préférence ne doit s'exercer que contre les créanciers privilégiés généralement, et contre les créanciers personnels; en effet, leurs droits seraient accrus à son préjudice, tandis que les créanciers nantis ont mesuré le crédit du débiteur à raison de la valeur de l'objet qui leur était affecté.

Les propriétaires de droits personnels et les propriétaires du droit réel, le privilége général, ont foi au crédit du débiteur; leur droit ne repose sur aucun objet spécial; ils n'ont presque les uns comme les autres qu'un patrimoine d'espérance; tandis qu'au contraire les propriétaires du droit réel, le privilége spécial, ont un véritable patrimoine matériel. Ils sont propriétaires d'un droit réel sur un objet dont ils ont la possession.

Telle est, ce me semble, la cause pour laquelle les

uns doivent être plus privilégiés que les autres, d'autant plus que tout le système proposé sur la translation de propriété, repose sur cette base unique, *la publicité,* résultant de la possession, qui sera toujours un fait incontestable et connu facilement de tout le monde.

SECTION IIe.

DES DROITS RÉELS IMMOBILIERS.

Nous avons déjà énuméré les droits réels qui, selon nous, forment le domaine ou propriété, au chapitre II, *De la propriété*, et au chapitre suivant, *De la translation de propriété*. Nous avons établi qu'ils ne pouvaient être constitués que par l'inscription sur un registre à ce destiné; avant ce fait, l'on n'est propriétaire que d'un droit personnel.

Nous verrons au chapitre VI, *Des registres*, comment doit se faire l'inscription.

Quant à présent, il est nécessaire de dire que l'inscription légalement faite, c'est-à-dire, sur l'attestation que feront les notaires et greffiers, pour les actes qui ne doivent pas être transcrits, que tel droit réel immobilier a été distrait du domaine tel jour. Cette attestation doit rester à perpétuelle demeure entre les mains du conservateur.

La nullité de l'acte en vertu duquel l'inscription avait été prise entraîne aussi la nullité de l'inscription.

Dans tous les cas, à l'égard des tiers, l'inscription seule fait foi; si elle est fautive, elle ne peut être rectifiée à leur préjudice, sauf à celui qui est lésé à se pourvoir contre qui de droit.

En général, c'est aux notaires et aux greffiers à faire faire l'inscription; ils doivent, dans les vingt-quatre heures, envoyer une attestation, nécessaire même pour les actes sujets à transcription, qu'ils devront envoyer dans la quinzaine au plus tard.

La base fondamentale de notre système sur la translation de propriété des droits réels immobiliers étant l'inscription, nous devons avertir que les priviléges et les hypothèques doivent avoir quelques formes spéciales que nous allons bientôt proposer.

Notre but a été de rendre la translation de propriété publique; si nous ne nous abusons pas, nous croyons avoir indiqué des formes qui, en reposant sur la publicité, que l'on peut réclamer sans s'ingérer impunément dans les affaires de famille, consolident les garanties, auxquelles chacun a droit de prétendre, pour rester dans la plus parfaite quiétude sur ce qui constitue sa fortune et son bien-être.

§ Ier. *Des Priviléges et des Hypothèques.*

L'affectation d'une propriété pour sûreté du paiement d'une créance peut avoir lieu sur le domaine, qui alors seulement cesse d'exister en tant que domaine, puisque, au moment où l'on a distrait un droit réel, nous avons déjà établi que l'on ne devait apercevoir que des copropriétaires de droits réels primitifs. Mais comme on peut aussi avoir le domaine sur les droits réels primitifs, on est donc propriétaire; d'où il suit nécessairement qu'on peut les démembrer comme les aliéner entièrement. (Voyez ci-dessus chapitre II, *de la propriété.*)

Parmi les droits réels qui, selon nous, forment ce

domaine, sont susceptibles de privilége et d'hypothèque, comme droits réels secondaires, les droits réels primitifs suivans :

1°. La possession ;
2°. La délivrance ;
3°. L'usufruit ;
4°. Le louage ;
5°. L'antichrèse ;
6°. Le privilége ;
7°. L'hypothèque.

Il est seulement nécessaire d'observer que celui qui devient propriétaire du droit réel secondaire obtient un droit subordonné à l'existence du droit réel primitif, sur lequel repose son droit réel secondaire, de telle sorte que si le droit réel primitif n'est que temporaire comme l'usufruit, le louage, l'antichrèse, son droit disparaît avec l'anéantissement du droit réel primitif. C'est la conséquence de ce principe éternel, que nul ne peut transférer plus de droit qu'il n'en a lui-même.

Il est à remarquer que le système que nous proposons pare aux inconvéniens qui pourraient rendre la condition des tiers pire par suite du principe que nous venons de rapporter ; car la publicité fournira toujours les moyens de connaître la valeur réelle du droit réel primitif que l'on veut démembrer en établissant un droit réel secondaire.

I. *Des Priviléges.*

Le privilége sur un immeuble est un droit qui dérive uniquement de la faveur que la loi attache à certaine créance ; son effet est de préférer, pour l'acquittement, un créancier à un autre. A la différence des priviléges spéciaux sur les meubles, les priviléges sur les immeubles ne peuvent être le résultat d'une convention particulière ; la dette doit être privilégiée d'elle-même, c'est-à-dire que la loi lui a donné ce caractère.

1°. *Priviléges généraux.*

La généralité des immeubles est grevée des priviléges généraux suivans :

1°. Les frais de justice ;

2°. Les contributions mobilières, personnelles et foncières de l'année échue ;

3°. Les frais funéraires ;

4°. Les frais de dernière maladie ;

5°. Les salaires des gens de service, pour l'année échue et l'année courante ;

6°. Les fournitures de subsistances faites au débiteurs ou à sa famille, savoir pendant les six derniers mois, par les marchands en détail, et pendant la dernière année par les maîtres de pension et les marchands en gros ;

7°. Les condamnations judiciaires envers l'état pour cause de crimes ou délits.

2°. *Priviléges spéciaux.*

1°. Les frais de justice ;

2°. Les contributions foncières pour l'année échue ;

3°. Les frais de mutation d'enregistrement et d'inscription;

4°. Les alimens dus au donateur;

5°. La garantie des partages pour cause d'éviction.

II. *Du rang des Priviléges.*

Les priviléges spéciaux sont préférés aux priviléges généraux.

Les priviléges spéciaux, sauf ceux énumérés aux deux premiers numéros, ne produisent d'effet entre les créanciers qu'autant qu'ils sont rendus publics par l'inscription sur des registres à ce destinés.

Ils s'exercent dans l'ordre ci-dessus établi, si les inscriptions sont de même date.

Les frais de justice sont toujours soldés par préférence au privilége ou à l'hypothèque pour lesquels ils ont été faits.

Les contributions foncières et les frais faits pour leur recouvrement priment toute espèce de créances sur les immeubles qui doivent ces contributions, si, dans les trois mois qui suivent l'année échue, on a pris inscription pour la somme due.

Le privilége spécial prime l'hypothèque, si les inscriptions sont faites à même date, malgré l'antériorité du titre de celle-ci.

Les priviléges généraux s'exercent dans l'ordre ci-dessus établi; ceux au même rang viennent par concurrence.

Ils ne priment, ainsi que les priviléges généraux

sur les meubles, que les créanciers personnels, c'est-à dire, les propriétaires de droits personnels.

On peut dire que les priviléges généraux, tant sur les meubles que sur les immeubles, ne sont pas précisément, dans notre système, des droits réels, mais seulement des droits personnels privilégiés.

Ils tiennent et du droit réel et du droit personnel tout à la fois; ils forment en un mot un droit intermédiaire, qui participe et de l'un et de l'autre, sans cependant se confondre ni avec l'un ni avec l'autre.

§ III. *Des hypothèques.*

Si les tiers trouvent un grand avantage à ce que les priviléges soient rendus publics, il est peut-être encore plus impérieux qu'on ne puisse constituer aucune hypothèque occulte et générale.

De là découle d'abord que toute espèce d'hypothèque doit être sujette à l'inscription; ensuite que les biens à venir ne doivent pas en être susceptibles; car, s'il n'en était pas ainsi, comment pourrait-on la rendre publique dans le premier cas, et dans le second, spéciale?

La convention d'hypothèque ne transfère pas la propriété du droit réel d'hypothèque par sa seule formation; cette translation n'est opérée que lorsque la convention a été exécutée, c'est-à-dire, lorsqu'on a averti les tiers que telle personne a hypothéqué tel immeuble; c'est ce qui résulte de l'inscription. Ainsi toute convention hypothécaire produira dès sa naissance un droit personnel, et par suite une action personnelle. Le but que se sont proposé les parties, est pour l'une de concéder un droit d'abord personnel qui par l'exécution de la convention devient réel; et pour l'autre, d'obtenir ces mêmes droits. Tant que la convention hypothécaire n'a pas été exécutée, le créancier n'a qu'un droit personnel; mais aussitôt que l'inscription est faite, il a un droit réel qui n'anéantit pas cependant le droit personnel; car, s'il n'est pas indemnisé par le droit réel, il n'en conserve pas moins son action personnelle; non alors pour faire exécuter la convention afin de translation du droit réel d'hypothèque, mais seulement comme propriétaire d'un droit personnel.

Dans toute obligation hypothécaire, il faut se garder de confondre l'obligation principale avec l'obligation accessoire; la première constitue la dette et accorde au créancier contre le débiteur une action personnelle; la seconde au contraire ne fait que donner au créancier une garantie pour l'acquittement de la première. Lorsque cette seconde obligation est exécutée, le créancier devient propriétaire d'un droit réel d'hypothèque; tandis qu'avant l'exécution, c'est-à-dire avant l'inscription, il n'était propriétaire que d'un droit personnel d'hypothèque.

En conséquence, il ne serait pas vrai de dire que l'hypothèque est générale de sa nature, parce que l'obligation dont elle est la suite l'est aussi, puisqu'il y a deux obligations; l'une principale, l'autre accessoire. Or, par exemple, l'obligation de cautionnement est aussi une obligation accessoire, et cependant elle peut être moins étendue que l'obligation principale, et ne peut jamais l'excéder; si au contraire l'hypothèque est de sa nature générale, il faut convenir qu'elle peut excéder l'obligation principale. Donc l'hypothèque n'est pas générale; donc elle ne doit pas être occulte; alors il faut nécessairement adopter qu'elle est de sa nature spéciale, et qu'elle doit être rendue publique.

Si l'on avoue cette conclusion, il faut décider que les biens à venir ne sont pas susceptibles d'hypothèque, parce que la spécialité n'existerait plus. Cependant, dans l'intérêt du débiteur, il doit lui être permis de constituer une hypothèque sur les biens qu'il pourra par la suite acquérir, soit qu'il n'en possède point, soit qu'il n'en possède pas pour une valeur suffisante.

Examinons si le double caractère de l'hypothèque ne pourrait pas exister même alors. D'abord la publicité ne recevra aucune entrave, puisque l'acquisition de propriété du droit réel n'existera qu'autant que l'inscription aura été prise. Ensuite, quant à la spécialité, il ne me semble nullement essentiel qu'elle existe au moment même de la confection de l'obligation, si plus tard on peut l'établir.

Le créancier qui voudra faire faire l'inscription sur une acquisition de son débiteur, devra réclamer du notaire possesseur de la minute de l'obligation hypothécaire, de mentionner à la suite de l'acte sa volonté d'exécuter l'obligation hypothécaire pour telle somme sur tel immeuble. Si maintenant on enjoint au conservateur de ne faire l'inscription que sur une attestation du notaire, dans laquelle il sera déclaré qu'il a été fait mention sur la minute, de l'obligation hypothécaire, de la volonté du créancier d'asseoir son droit réel hypothécaire sur tel immeuble et pour telle somme; alors, ce me semble, on conservera entièrement le caractère essentiel de l'hypothèque, la spécialité.

Ainsi l'obligation hypothécaire ne doit donner naissance au droit réel d'hypothèque, que lorsqu'on déclarera spécialement la nature et la situation de chacun des immeubles appartenant au débiteur, sur lesquels le créancier obtient un droit réel. Tant que cette déclaration n'aura pas été faite, le créancier aura bien un droit personnel en vertu duquel il pourra, par le moyen d'une action personnelle, faire condamner son débiteur à déclarer quels sont ses immeubles, pour qu'il puisse transformer son droit personnel d'hypothèque en droit réel d'hypothèque; d'où il ne faudrait pas conclure que le débiteur ne conserve pas son droit personnel, résultant de l'obligation principale. A ce sujet on doit suivre la convention des parties, qui entre elles est une loi qu'on ne peut transgresser.

La véritable garantie résulte donc de la publicité et de la spécialité des hypothèques. Toutefois, pour leur donner ce double caractère, il ne suffit pas d'exiger d'un côté l'inscription, de l'autre l'affectation d'un immeuble; il faut encore que la somme soit certaine et déterminée.

Mais cependant, comme elle peut être constituée pour une somme conditionnelle, on devra prendre l'inscription pour la totalité de la somme, sauf à la faire réduire ou à l'anéantir lors de l'accomplissement de la condition; car autrement les tiers pourraient être lésés. La somme de l'inscription est celle qui est publique.

L'hypothèque étant un démembrement du domaine, n'en est pas pour cela tellement distraite qu'elle ne doive pas profiter des améliorations survenues à l'immeuble hypothéqué. Elle existe tant que la chose n'a pas péri; si elle profite des avantages, elle subit aussi les pertes qui peuvent arriver; elle demeure intimement unie à la chose, et suit toutes ses vicissitudes.

Il y a trois sortes d'hypothèques. La première, établie par l'effet direct de la loi, s'appelle légale; la seconde, constituée par l'autorité due à la chose jugée, se nomme judiciaire, et enfin la troisième, résultant du consentement réciproque des parties, reçoit l'épithète conventionnelle.

1°. *De l'hypothèque légale.*

La loi doit protéger les personnes qu'elle déclare incapables d'exercer leurs droits civils par eux-mêmes, et même ceux qui, ayant cette capacité, se trouvent dans une position précaire. La fortune des particuliers fait celle de l'État; et plus on augmentera les garanties qu'ils ont droit d'attendre du législateur pour consolider leur avoir, plus on donnera de consistance à la fortune publique. La prospérité d'un gouvernement vient de la prospérité des citoyens.

L'hypothèque légale a lieu au profit,

1°. De la femme mariée sur les biens de son mari, pour la valeur de la dot constituée en argent ou en effets mobiliers dont le mari devient propriétaire; pour la valeur des immeubles qui pourraient être aliénés. Sous le régime de la communauté, alors les biens du mari affectés restent grevés de l'hypothèque, à dater de l'inscription prise lors de la célébration du mariage, sans qu'elle puisse être purgée, sauf mutation d'un immeuble sur un autre. Sous le régime dotal, si l'on a fait usage de la faculté accordée par les articles 1557, 1558, 1559, l'hypothèque existe tant que le mari n'aura pas fait emploi des deniers dotaux, seulement du jour de l'aliénation du fond dotal;

2°. Du mineur, de l'interdit, sur les biens des tuteurs;

3°. De l'État, des communes, des établissemens publics, sur les biens des receveurs et administrateurs comptables;

4°. De l'enfant, sur les biens du père administrateur;

5°. Des créanciers chirographaires, que nous appelons propriétaires de droits réels, sur les biens de la succession;

6°. Des légataires du défunt, aussi sur les biens de la succession;

7°. Des cohéritiers sur les immeubles de la succession, pour garantie des soultes ou retours de lots;

Il en est de même à l'égard de tout partageant sur l'immeuble divisé;

8°. Du vendeur sur l'immeuble vendu, pour le paiement du prix ;

9°. De ceux qui ont fourni les deniers pour l'acquisition d'un immeuble, pourvu qu'il soit authentiquement constaté, par l'acte d'emprunt, que la somme soit destinée à cet emploi, et par la quittance du vendeur, que ce paiement a été fait des deniers empruntés.

2°. *De l'hypothèque judiciaire.*

Les décrets de la justice doivent recevoir leur exécution ; or, tout acte judiciaire exécutoire qui condamne l'une des parties à consentir au profit de l'autre une hypothèque qui garantisse une créance, doit recevoir son exécution.

Le droit réel sera acquis à dater du jour de la citation en justice, si l'on a eu soin de suivre les formalités que nous exigeons au chapitre VI, *des registres* ; autrement il n'existera que du jour de l'inscription.

L'hypothèque judiciaire peut être spéciale ou générale ; mais toujours elle n'accordera une préférence que du jour de l'inscription.

En thèse générale, les juges ne l'accorderont que spéciale, parce que le débiteur devra user de tous les avantages que lui procure notre système ; elle ne pourra être concédée sur la généralité des biens, qu'autant que le créancier prouvera, soit que son débiteur ne possède pas assez d'immeubles pour sa sûreté, alors elle s'étendra sur les biens à venir à mesure des inscriptions prises ; soit que les immeubles possédés par le débiteur sont déjà grevés de droits réels qui en rendent la valeur insuffisante pour couvrir la somme de la dette.

Il serait nécessaire que le gouvernement réglât d'une manière uniforme l'effet des jugemens rendus en pays étrangers, ainsi que l'effet des conventions qui y sont passées. A cet égard le Code napolitain a consacré les articles 2009 et 2014, mais il est vrai de dire qu'il n'a pas atteint le but que doit se proposer tout législateur.

Le soin de faire disparaître de notre législation l'incertitude qui y règne à cet égard appartient à la diplomatie; c'est elle qui peut trancher le nœud gordien d'un coup de plume.

3o. *De l'hypothèque conventionnelle.*

L'hypothèque conventionnelle est soumise, quant à sa validité extrinsèque, à toutes les formalités qu'exige la validité d'une obligation; et l'on pourrait avec raison élever la question de savoir par quel motif les rédacteurs du Code civil ont exigé, dans l'article 2127, qu'elle pourrait seulement être consentie par acte authentique, quand on pouvait aliéner un immeuble sous signature privée. Ou l'on doit, pour être conséquent, refuser à l'écriture privée la puissance de contracter une obligation, ou, une fois ce principe admis, il ne faut pas l'entraver dans sa marche. Pour moi, je pense qu'on doit souverainement protéger les actes authentiques, mais pour cela il ne me semble pas raisonnable de frapper d'incapacité les actes privés. Qu'on diminue les frais qu'exigent les actes publics, de telle sorte qu'on ne trouve presque plus d'avantage sous ce rapport à contracter sous signature privée, alors ce sera rendre un véritable service, et augmenter l'importance du notariat tout en diminuant ces procès scandaleux en vérification d'écriture.

Si l'hypothèque est soumise comme obligation à la forme extérieure du contrat, elle est aussi sous l'empire des lois de capacité, qui régissent les obligations. Ainsi, suivant que l'exercice des droits civils sera, en tout ou en partie, accordé à celui qui consent une hypothèque, on devra, pour la validité de l'obligation, suivre telles ou telles formalités. En conséquence le contrat portant constitution d'hypothèque, ne peut recevoir son exécution et être valable qu'autant qu'il ne sera pas entaché de nullité, c'est-à-dire d'un vice de forme d'après la capacité des parties contractantes.

Il est aussi un principe de droit naturel qui domine toute espèce d'obligation, c'est qu'on ne peut transférer plus de droits qu'on n'en possède ; aussi lorsque l'on consent une hypothèque sur un droit suspendu ou résoluble par une condition, elle ne peut frapper ce droit qu'aux mêmes conditions auxquelles il est lui-même soumis. Alors l'obligation, comme obligation, subsiste, mais la translation du droit est retardée.

IV. *Du rang des hypothèques.*

Pour atteindre le but le plus utile en matière hypothécaire, il ne suffit pas de décider en thèse générale que l'hypothèque est spéciale et publique; il faut encore que dans toutes ses parties la loi proclame ce principe tutélaire.

L'hypothèque, soit légale, soit judiciaire, soit conventionnelle, ne doit prendre rang que du jour où l'on en aura fait mention sur des registres à ce destinés.

Il ne suffit pas de décider que l'hypothèque n'aura d'effet, c'est-à-dire, que d'un droit d'obligation elle ne deviendra un droit réel que du jour où elle aura été inscrite; car, il peut arriver que plusieurs ayant droit se présentent en même temps pour réclamer une mention conservatrice sur les registres à ce destinés. Lequel d'entre eux devra primer dans cette occurrence? S'ils sont tous égaux en droit, c'est-à-dire, si aucun d'eux n'a un titre antérieur, ils doivent tous être payés par contribution, sans faire aucune distinction entre la mention faite le matin et celle faite le soir.

Mais si les titres des divers créanciers, c'est-à-dire, des divers propriétaires de droit personnel ont des dates différentes, il est juste d'avantager celui qui, comme créancier chirographaire ou propriétaire de droit personnel, aurait eu une préférence s'il n'avait pas fait faire cette inscription ainsi que les autres.

Notre but est d'introduire l'antériorité des titres quand les mentions auront été faites le même jour; au-delà ce n'est plus nécessaire ni même utile; car, ce serait détruire la publicité, si l'inscription seule ne rendait pas propriétaire d'un droit réel celui qui avant n'avait qu'un droit personnel, et s'il pouvait craindre d'être inquiété par un créancier, qu'il lui était impossible de connaître.

V. *De ceux qui ont le droit de faire faire l'inscription.*

La première idée qui se présente est que celui-là seul, ou ses représentans, au profit duquel un privilége ou une hypothèque est établie, peut en poursuivre l'inscription. En effet, un tiers pourrait-il venir me contraindre à exécuter l'obligation que j'ai souscrite en faveur d'un autre, quand il n'est pas intéressé? n'aurai-je pas toujours le droit de le repousser, puisque je ne suis pas son débiteur? Mais il en serait autrement s'il agissait en vertu de pouvoirs émanés de mon créancier; alors il le représente; et, à mon égard, c'est toujours la même personne civile.

Toutefois, comme il y a des personnes qui réclament la bienveillance spéciale du législateur, en raison de leur incapacité, soit physique, soit morale, il est nécessaire que l'inscription puisse être quelquefois prise d'office. Telles sont celles auxquelles la loi accorde pour cette cause une hypothèque spontanée, c'est-à-dire au profit de la femme mariée, du mineur, de l'interdit, de l'Etat, des communes, des établissemens publics et de l'enfant.

Ainsi l'inscription pourra être prise par les père et mère, par le juge de paix, par le maire, par le ministère public, par le conservateur, et même par tout héritier présomptif. Mais, pour assurer davantage l'exécution de cette formalité, des règles particulières ne seront peut-être pas dépourvues de toute utilité.

A l'égard de l'hypothèque légale de la femme mariée, toutes les fois qu'il aura été fait un contrat de mariage, le notaire ne pourra le faire enregistrer qu'autant qu'il certifiera, par un extrait en due forme, que l'inscription est faite pour la valeur de la dot (1), si la dot est constituée en argent, ou pour la partie de la dot ainsi constituée.

Si le mari ne possède point ou pas assez d'immeubles, les parties devront stipuler dans le contrat, qu'elles renoncent à l'hypothèque légale pour la somme dotale non hypothéquée, jusqu'à ce que le mari ait acquis un héritage. Cependant l'hypothèque n'aura d'effet à l'égard des tiers que du jour où l'inscription aura été prise sur les acquisitions postérieures.

Pour ce qui est des femmes mariées sous le régime de la communauté légale sans contrat de mariage, l'hypothèque ne pourra non plus être occulte et générale; elle ne produira effet contre les tiers de bonne foi

(1) Il faudrait, pour le cas de mariage, dispenser les notaires de faire enregistrer leurs actes dans le délai de la loi.

De plus on devrait leur défendre, à peine de tous dommages et intérêts, de faire aucune expédition que sur le certificat du maire constatant la célébration, lequel restera joint à la minute. En outre ils ne pourront en faire la délivrance qu'après avoir envoyé un double certificat au maire et au greffier, qui en feront mention en marge sur les registres, constatant qu'un contrat de mariage a été passé en telle étude.

Par là on évitera une fraude qui est à ma connaissance. Des époux avaient fait deux contrats à jours différens : le mari fit des aliénations en présentant un acte qui avait toutes les formes requises; plus tard, invoquant le second contrat, la femme a fait annuler les ventes.

que du jour de l'inscription. Car l'hypothèque légale résultant de l'autorité de la loi sans aucune manifestation publique, compromet et bouleverse la fortune des tiers acquéreurs ou prêteurs (1).

Les biens immobiliers propres ou paraphernaux qui écherront à la femme durant le mariage, se trouveront par cela seul hypothéqués; car, pour opérer la mutation, elle se fera au nom de la femme, qui alors sera bien obligée de déclarer qu'elle a cessé d'être libre.

Quant aux biens éventuels mobiliers, les débiteurs seront contraints de poursuivre l'inscription de leur valeur, s'ils ne veulent courir la chance d'avoir mal payé, à moins que la femme ne déclare dans la quittance qu'elle est libre.

On pourrait aussi prendre certaines précautions pour que les acquêts, au bout d'un certain laps de

(1) Pour conserver aux femmes mariées l'avantage que semble leur procurer l'hypothèque légale, occulte et générale, il serait utile de réformer le système de la société conjugale en un point essentiel. Ce serait d'abroger l'article 1393 qui déclare le régime de la communauté le droit commun de la France, et lui substituer le régime dotal avec communauté d'acquêts. Dans la communauté le mari a tant de facilité pour contraindre sa femme à consentir une aliénation, que, quoique incapable, elle est trop souvent victime de sa faiblesse.

Ce ne serait qu'avec avantage aussi qu'on restreindrait la capacité des femmes mariées. Pourquoi ne les assimilerait-on pas aux mineurs, qui ne peuvent jamais, par leur fait personnel, rendre leur condition pire? L'autorisation maritale ne devrait pas suffire pour obliger la femme; on devrait toujours invoquer l'autorisation judiciaire.

Cette note soulève une question du plus haut intérêt. Un jour peut-être nous pourrons nous en occuper plus spécialement.

temps, devinssent, pendant le mariage, des propres par l'effet de l'inscription. Mais ceci, sanctionné par le législateur, ne peut guère avoir lieu que par le consentement réciproque du mari et de la femme. Ils en feraient à l'amiable l'évaluation.

A l'égard de l'hypothèque légale du mineur, de l'interdit, le code napolitain contient des dispositions utiles. On y déclare que le juge de paix et son greffier ne peuvent, à peine de suspension ou de peines plus graves et de tous dommages et intérêts, expédier aucune délibération du conseil de famille, sans qu'on leur ait justifié de l'inscription prise au profit de l'incapable. Le certificat qui la constaterait devrait rester joint à la minute de la délibération.

Comme toute hypothèque doit être spéciale et déterminée, le conseil de famille devrait décider la somme à laquelle doit s'élever l'hypothèque légale, et désigner les biens qu'elle devrait affecter.

Pour l'hypothèque en faveur de l'Etat, des communes et des établissemens publics, ce serait à l'administration, aux conseils municipaux et d'administration qu'appartiendrait le droit de désigner les biens des agens comptables qui devraient être hypothéqués; ce serait eux aussi qui détermineraient la somme pour laquelle l'inscription serait prise.

Le juge de paix assemblera d'office un conseil de famille, qui désignera les biens du père administrateur qui seront affectés, et déterminera la somme à laquelle elle doit s'élever.

L'inscription d'une hypothèque légale peut être

augmentée comme réduite. Elle sera augmentée toutes les fois que la fortune mobilière de celui au profit duquel elle est établie se trouvera accrue par une cause quelconque ; et le débiteur ne pourra se libérer valablement qu'autant que l'inscription aura été prise pour la somme constituant sa dette, à moins qu'il y ait pénurie d'immeubles.

L'hypothèque légale, au profit des propriétaires de droit personnel, des légataires, des cohéritiers, des copermutans, du vendeur et de ceux qui ont fourni les fonds pour une acquisition immobilière, ne peut être inscrite que par leurs ordres, s'ils ne sont pas rangés dans la classe des incapables.

Après nous être occupé de l'inscription à prendre pour la conservation des hypothèques, il nous reste à parler des priviléges qui peuvent avoir des règles spéciales.

Les priviléges pour les contributions, les frais de mutation, d'enregistrement, d'inscription, et les condamnations judiciaires, seront inscrits à la diligence des receveurs, préposés et greffiers, et en outre du juge de paix, du maire, du ministère public et du conservateur.

La transcription de l'acte de donation vaudra inscription pour le privilége établi en faveur du donateur, en raison des alimens que peut lui devoir un jour le donataire. Le conservateur devra d'office l'inscrire au nombre des droits réels qui démembrent le domaine.

La garantie des partages qui constitue un privilége pourra être inscrite d'office par le conservateur, ou sur la réquisition du préposé aux mutations, ou du receveur de l'enregistrement. Mais si l'un des cohéritiers se trouve incapable, toutes les personnes qui peuvent prendre l'inscription de l'hypothèque légale auront le même droit. L'inscription prise au profit de l'un des cohéritiers profitera à tous les autres.

Les frais de justice primant toujours le privilége ou l'hypothèque, en un mot le droit réel, pour lequel ils ont été faits, n'ont pas besoin d'être inscrits.

VI. *Du mode de l'inscription.*

Les priviléges et les hypothèques étant spéciaux, l'inscription ne peut se faire qu'au bureau de l'arrondissement dans lequel sont situés les biens soumis à l'hypothèque ou privilége.

Pour faire inscrire, on n'a qu'à présenter l'acte constitutif ou une expédition, excepté pour les hypothèques légales et les priviléges.

Toute personne qui aura droit de requérir une inscription, présentera un double bordereau contenant :

1°. Les nom, prénoms, domicile, âge et lieu de naissance du créancier, sa profession, s'il est marié en premières ou secondes noces, et élection de domicile dans l'arrondissement.

Il lui sera toujours loisible de changer ce domicile, pourvu qu'il en élise un autre dans le même arrondissement.

2°. Les nom, prénoms, domicile, âge et lieu de naissance du débiteur, sa profession, s'il est marié en premières ou secondes noces.

3°. La date et la nature du titre.

4°. Le montant du capital des créances exprimées dans le titre, ou leur évaluation (si les créances étaient conditionnelles, éventuelles ou indéterminées), le montant des accessoires, l'époque de l'exigibilité, et le taux des intérêts, s'il en est dû.

5°. L'indication de l'espèce et de la situation des biens grevés du privilége ou de l'hypothèque; son nom, sa désignation par tenant et aboutissant, et celle qu'il occupe dans les matrices cadastrales.

Le conservateur inscrira sur les deux bordereaux que l'inscription est faite, à dater du jour où ils lui auront été présentés; il en remettra un signé de lui à la personne qui aura requis l'inscription.

VII. *De l'effet de l'inscription.*

L'inscription détermine l'ordre d'acquittement des créances dont elle assure le remboursement aux créanciers; à moins qu'elle n'ait été faite postérieurement à l'énonciation d'un fait qui déclare le débiteur incapable.

Ainsi le détenteur d'un immeuble, ne possédant qu'un seul des droits réels dont la réunion forme le domaine, est contraint d'acquitter tous ceux qui ont été distraits et inscrits antérieurement à sa mise en possession, s'il veut acquérir le domaine ou se libérer; il ne peut se dispenser d'acquitter intégralement ceux qu'il a lui-même démembrés de la propriété.

Par le délaissement de l'immeuble, il est libéré comme obligé réellement; mais il doit demeurer obligé personnellement, si tel est l'effet de sa qualité de débiteur.

L'inscription d'un privilége, d'une hypothèque, conserve son effet jusqu'à ce qu'il y ait main-levée du privilége ou de l'hypothèque ou qu'ils soient éteints. Mais pour le privilége des alimens dus au donateur, l'inscription ne subsistera que durant sa vie, et pour les hypothèques légales, en faveur de la femme mariée, du mineur, de l'interdit, de l'Etat, des communes, des établissemens publics et de l'enfant, les inscriptions auront besoin d'être renouvelées, pour continuer leur effet, dans les trois ans qui suivront la cessation de la cause pour laquelle les hypothèques auront été constituées.

Celle de la femme, à dater de la dissolution du mariage; celle du mineur, de sa majorité; celle de l'interdit, de la levée de son interdiction; celle de l'Etat, des communes, des établissemens publics, de la cessation des fonctions des agens comptables; celle de l'enfant, de sa majorité.

Ainsi, dans ces cas exceptionnels, pour conserver son rang, l'inscription devra être renouvelée avant l'expiration de ces divers délais. S'ils se sont écoulés, l'inscription que l'on requerra ensuite n'aura d'effet que du jour où elle aura été de nouveau prise. Elle ne pourra préjudicier aux inscriptions qui lui deviennent antérieures.

VIII. *De l'acquittement forcé des intérêts de la dette à leurs échéances.*

Pour jouir des intérêts d'un capital placé avec garantie sur un immeuble, les voies ordinaires sont toujours pénibles et souvent ruineuses.

Les saisies mettent trop d'entraves; le débiteur est dans cette fâcheuse alternative, ou d'emprunter pour faire valoir, ou de laisser incultes ses propriétés. Alors il me semble préférable d'accorder au créancier le droit d'antichrèse sur l'immeuble, après commandement de payer.

Ce droit sera consenti par le débiteur, ou ordonné par justice, sur assignation, sans autre procédure. Les frais seront à la charge du débiteur.

IX. *De la cession du privilége ou de l'hypothèque.*

Le prêt ordinaire est simple dans sa forme et dans sa manière d'être transmis. Le prêt hypothécaire, au contraire, demande une cession par acte authentique, avec dénonciation au débiteur.

Il serait plus simple et plus facile de permettre la cession d'un privilége ou d'une hypothèque par la voie de l'endos. A cet effet, le propriétaire requerrait du notaire une grosse, sur laquelle serait énoncé qu'il est loisible au détenteur d'en transférer la propriété à un autre.

Comme il pourrait n'avoir besoin que d'une partie de ses fonds, il aurait la faculté de se faire délivrer plusieurs grosses, et sur chacune le notaire énoncerait la somme et la date de chaque délivrance.

Le notaire inscrirait sur la minute la somme et la date de chaque grosse, de telle sorte que jamais la réunion de ces diverses sommes ne puisse dépasser la somme principale. Il sera passible de tous dommages et intérêts, et même de peines graves, s'il contrevenait à ces formalités.

Maintenant, pour éviter que l'emprunteur ne dégrève sa propriété, en acquittant la dette entre les mains du créancier originaire, l'un des endosseurs n'aura qu'à se présenter au conservateur, qui fera l'énonciation que tel droit privilégié ou hypothécaire a été aliéné pour telle somme. Il en sera fait mention sur la grosse endossée.

Parmi les acquéreurs de ces droits, la date de l'énonciation déterminera le rang qu'ils occupent pour l'acquittement. Si les énonciations sont faites à même jour, ou si elles ne l'ont pas été, ils seront payés suivant la date de l'expédition de la grosse; et, si les expéditions portent la même date, par contribution.

Ce système offre les avantages suivans :

1°. On évite les frais et les longueurs ;

2°. On donne une valeur réelle à ces sortes de billets ou lettres de change; on offre une garantie réelle; ce n'est plus, comme dans le prêt ordinaire, le crédit seul qui en est la base fondamentale ;

3°. On a un moyen facile, économique et prompt pour avoir de suite, en tout ou en partie, des fonds lorsqu'un besoin urgent se fait sentir avant l'échéance.

Bien plus, si, à son échéance, la créance n'était pas remboursée, le créancier jouirait des mêmes avantages pour céder son droit à un tiers, qui pourrait accorder de nouveaux délais, ou attendre au moins le temps nécessaire pour exécuter un remboursement forcé.

De cette manière les capitaux reflueraient facilement dans les campagnes; ce serait le moyen d'en chasser les intérêts usuraires qui ruinent les possesseurs d'immeubles. Ce serait une nouvelle monnaie, ayant une valeur bien plus certaine que les billets à ordre et les lettres de change.

Si l'on craint par là de mobiliser trop facilement les immeubles, on devrait au moins diminuer les frais accessoires qui environnent les prêts immobiliers; car, de cession en cession, on finit par avoir absorbé le capital en frais.

X. *De la réduction de l'inscription.*

Une inscription sera réputée excessive, et sujette à réduction, toutes les fois que le taux de l'intérêt, stipulé dans la créance, ne sera pas en rapport avec le revenu de l'immeuble, excepté cependant lorsqu'il sera moindre de cinq pour cent.

La demande en réduction sera ordonnée par justice, après avoir assigné le créancier, qui pourra l'accorder à l'amiable, avant comme après l'ajournement.

Sera réduite de droit toute créance sur laquelle on

aurait donné un à-compte. Il suffira, au débiteur, de donner au conservateur un extrait de la quittance, et, sur le double, il énoncera que la réduction est opérée.

XI. *De l'acquittement forcé du capital.*

Si le domaine est l'agglomération de tous les droits réels, lorsque le propriétaire en a aliéné un, il a détruit sa propriété absolue, il n'est propriétaire du domaine qu'avec le secours du propriétaire de ce droit réel aliéné. Alors dans l'indivision de ces droits réels exigibles, un propriétaire doit, ce me semble, avoir le même droit que l'un des copropriétaires d'un immeuble. Ainsi, assimilant sous ce rapport les endroits réels exigibles, avec les copropriétés, nous évitons l'expropriation forcée, toujours difficile et ruineuse.

Il suffirait donc de déclarer que dix jours après avoir fait sommation d'une dette privilégiée ou hypothécaire exigible, le créancier aurait la faculté de poursuivre le partage de l'immeuble.

Sur son évaluation, on déterminerait la portion à laquelle chacun des propriétaires de droits réels aurait droit.

Si le débiteur trouve que l'évaluation n'est pas assez élevée, ou si l'immeuble est impartageable, l'on poursuivra la licitation.

Chaque créancier hypothécaire ou privilégié, qui se trouverait lésé par le partage, aurait le droit de provoquer la licitation dans les dix jours qui suivront le partage.

Il sera permis à tout créancier privilégié ou hypothécaire, et au débiteur, de surenchérir dans les dix jours de la vente.

Pour le débiteur, la surenchère sera du sixième du prix de l'adjudication; mais, pour les créanciers inscrits, du sixième de la somme pour laquelle l'immeuble est engagé au surenchérisseur (1).

Le créancier privilégié ou hypothécaire a le droit d'exiger deux années d'intérêts, non compris l'année courante.

XII. *Du recours en cassation.*

D'après l'institution de la cour de cassation, le recours n'est pas suspensif; c'est un tort, et un tort grave. Il serait à souhaiter qu'on lui accordât toujours cet effet, en simplifiant toutefois la procédure, dont la marche est beaucoup trop lente en matière civile. Il serait aussi utile d'en alléger les charges. Les frais et la lenteur rebutent les justiciables, et, dans tous les cas, leur causent un préjudice considérable.

En entrant dans les voies d'améliorations, un grand changement serait aussi nécessaire quant à sa compétence. Pourquoi ne pourrait-on pas recourir en cassation contre un jugement en premier ressort, comme contre celui qui termine le différend, dans le cas où la partie condamnée accepte comme vraie la solution donnée sur les faits, puisqu'elle ne se plaint que d'une violation de la loi? Le législateur doit-il l'obliger à in-

(1) L'édit piémontais du 16 juillet 1822 décide que la surenchère ne sera que du sixième.

tenter une action au tribunal supérieur pour de nouveau discuter la question de fait qu'elle ne nie pas? En définitive, pour attaquer ou défendre en cassation, n'est-ce pas un circuit qu'il est important de faire disparaître ?

Si le recours en cassation avait lieu de cette manière, il n'y aurait aucun inconvénient à le déclarer suspensif, et même dans l'état actuel, dans mainte et mainte occasion, il serait de la plus haute importance (1).

Un jugement ordonne l'expropriation, une adjudication s'ensuit; dans notre système, une licitation a lieu, ou bien encore un jugement ordonne la radiation d'une hypothèque. Le recours en cassation n'étant pas suspensif, on est exproprié, l'immeuble est vendu, ou l'hypothèque est radiée, lorsque le pourvoi est admis et que l'acte judiciaire est cassé; que faire alors? où s'adresser? un nouveau propriétaire possède à juste titre. Un créancier inférieur ou un nouveau créancier hypothécaire a remplacé le créancier dont l'inscription a été radiée. Il est donc utile, impérieux même de déclarer le recours en cassation suspensif. C'est une nécessité du premier ordre (2).

(1) Lorsque j'ai publié, au mois d'août dernier, ces idées de changement à faire éprouver à la compétence de la cour de cassation, mon ami, M. Royer-Collard, professeur à la faculté de droit de Paris, imprimait l'introduction qu'il a mise en tête DES LETTRES SUR LA CHANCELLERIE D'ANGLETERRE; le second chapitre, intitulé *Du double degré de juridiction*, est venu me confirmer dans l'opinion que j'avais déjà émise.

(2) *Voy.* De l'autorité judiciaire en France, par le président Henrion-de-Pensey, tom. 2, p. 287, 3e édition.

XIII. *De l'extinction des priviléges et hypothèques.*

Après avoir parlé de la manière dont les priviléges et les hypothèques s'établissent, il nous reste à montrer comment elles s'éteignent.

1°. Lorsque le créancier y renonce formellement;

2°. Lorsqu'il a resté trente ans sans faire inscrire;

3°. Lorsque l'obligation principale est éteinte.

La radiation pour l'une de ces causes sera la preuve de son extinction.

XIV. *De la radiation.*

Le conservateur fera la radiation de l'inscription sur la présentation de l'acte de désistement du créancier; sur l'acte constatant que la dette est éteinte; et enfin sur la preuve, pour les hypothèques légales et pour les priviléges, que la cause a disparu. On lui laissera toujours un double. L'extinction de l'obligation principale du privilége et de l'hypothèque, pour cause de prescription, ne fera radier l'inscription prise trop tard qu'en vertu d'un jugement.

On ne peut invoquer la compensation en matière hypothécaire comme extinction de l'obligation principale, si elle portait préjudice à un créancier inscrit.

En vertu de la purge, l'hypothèque et le privilége seront radiés sur un double certificat délivré par le greffier, constatant que le prix de l'immeuble a été distribué aux créanciers privilégiés et hypothécaires.

Si la purge s'opère par le partage, il y aura transcription du titre, et par conséquent translation de propriété.

XV. *De la purge.*

Dans notre système, la purge n'a plus le même intérêt ou la même importance, puisque toute la garantie résulte de l'inscription qui ne peut être radiée qu'après que les propriétaires de droits réels ont été indemnisés.

La purge n'est utile que dans le cas où le prix de l'immeuble n'acquitterait pas toutes les sommes pour lesquelles on a pris des inscriptions privilégiées ou hypothécaires, car les autres droits réels ne peuvent être distraits.

En conséquence, un immeuble sera purgé du privilége et de l'hypothèque par le partage ou la licitation, les créanciers inscrits, les seuls qui ont droit sur l'immeuble dûment appelés, et le délai de la surenchère expiré.

CHAPITRE VI.

DES REGISTRES.

Les registres, quoique d'un objet secondaire, ont cependant une grande importance, puisque ce sont eux qui conservent la fortune des particuliers. Quatre nous paraissent essentiellement utiles. Le premier contiendrait la nomenclature, par ordre alphabétique, de tous les propriétaires des droits de possession : ce serait le registre des propriétaires, il renverrait au registre dont nous parlerons en quatrième ordre. Le second contiendrait de la même manière la liste des propriétaires des autres droits réels. Le troisième renfermerait la transcription entière de tous les actes transférant le domaine, et de ceux en vertu desquels le droit de possession serait distrait définitivement ou provisoirement. Enfin le quatrième (1), le plus essentiel de tous sans contredit, destiné d'une manière plus spéciale à la conservation des droits réels, devrait être divisé en cinq colonnes principales, contenant :

1°. Le nom de la propriété, avec ses confins ; le nom du quartier où elle se trouve d'après les matrices

(1) Nous avons emprunté la forme matérielle de ce registre au Code bavarois, composé de trois lois du 1er juin 1822, suivies d'une instruction du 23 mars 1823.

cadastrales ou l'usage des lieux ; son estimation et sa nature ;

2°. Le nom du possesseur et l'indication du titre de possession ;

3°. L'énumération des droits réels distraits du domaine ;

4°. Le nom des cédans, qui ont aliéné les démembremens ;

5°. L'énumération des énonciations.

De cette manière, on aurait la généalogie des propriétés, ou, pour mieux dire, leur état civil. En effet, veut-on connaître les charges qui grèvent telle ou telle propriété? deux moyens sont offerts.

1°. On recherche le nom du propriétaire dans la table alphabétique;

2°. Le nom de l'immeuble ou son indication.

Veut-on connaître un propriétaire de droit réel? même voie.

Ainsi, en joignant l'état nominatif des héritages à l'état nominatif des personnes, le système de transmission des biens devient extrêmement simple; au lieu de chercher seulement les propriétaires dont les noms changent sans cesse, on n'aura qu'à chercher la propriété dont le nom et la nature sont presque immuables, et dont surtout la situation ne change jamais.

§ I. *De la transcription.*

La translation de toute espèce de droit réel ne doit pas entraîner à des frais qui pour quelques uns n'augmenteraient en rien la garantie que doit réclamer le possesseur. Les seuls droits réels primitifs nous semblent, à cause de leur importance, réclamer une plus grande publicité. Mais parmi les droits réels primitifs, la possession et les servitudes sont les seuls droits qui nous paraissent exiger la double sécurité de la transcription et de l'inscription. Ces démembremens de la propriété opèrent une telle modification dans le droit absolu qu'avait avant le propriétaire, qu'un effet aussi majeur réclame une conservation entière du titre qui distrait du domaine, soit la possession, qui sous plus d'un rapport doit être considérée comme le droit de propriété, dans le langage usuel; soit les servitudes, parce que, établies à perpétuité, il est utile d'avoir un double titre original de ce démembrement, pour le cas où la minute viendrait à disparaître par une cause quelconque.

Ainsi nous croyons nécessaire de réclamer la transcription des actes suivans :

1°. Les actes contenant concession de desséchement;

2°. Les contrats de mariage;

3°. Les donations entre vifs et testamentaires;

4°. Les institutions contractuelles;

5°. Les actes d'échange, de vente, de partage;

6°. L'adjudication aux enchères;

7°. Les actes de société;

8°. Les actes contenant substitution;

9°. Les acceptation et répudiation de successions;

10°. Les envois en possession provisoire ou définitif en vertu de jugement;

11°. Les actes qui constituent des servitudes.

§. II. *De l'effet de la transcription.*

La translation de propriété d'un droit réel devant être notoire, l'effet de la transcription est d'accorder à quelques droits primitifs une garantie souvent surabondante; mais on ne peut jamais prendre trop de précaution quand il s'agit de la certitude de droits réels aussi importans; on ne doit jamais pouvoir les révoquer en doute. De là cette double manifestation publique et immuable, opérée par des registres à ce spécialement destinés.

Les tiers doivent pouvoir contracter en toute assurance; or, le devoir du législateur est de leur procurer les moyens nécessaires pour connaître quels sont les droits de celui qui s'oblige envers eux.

La transcription n'est réellement utile que pour éviter la perte de la minute; c'est un moyen d'en avoir une seconde aussi authentique que la première. La transcription ne dispense pas de l'inscription; de telle sorte qu'on peut dire que la transcription est une véritable garantie surabondante, puisqu'elle ne déterminera la date de la présentation de l'acte que par la transcription elle-même, tandis qu'avant la transcription on aura déjà fait inscrire. Car il est utile d'accorder aux dépositaires des minutes un délai de quinzaine, pour faire faire la transcription, c'est-à-dire, pour envoyer au conservateur une copie en due forme de l'original qui doit être transcrit.

Ainsi la transcription est indépendante de l'inscription et n'en dispense nullement; elle sert à la rectifier, puisqu'elle se fait toujours postérieurement, l'inscription devant être faite dans les vingt-quatre heures qui suivent la confection de l'acte concédant ce droit réel.

§ III. *De l'énonciation.*

La transcription se fait sur un registre spécial à ce destiné; l'énonciation, au contraire, se fait sur le quatrième registre, dans une cinquième colonne à ce spécialement consacrée.

L'énonciation doit indiquer la date du jour où elle est réclamée; contenir le nom de celui au profit duquel elle est faite; et enfin l'objet pour lequel elle est faite.

L'énonciation a lieu principalement dans les cas suivans :

1°. Lorsqu'il s'élève des contestations sur la propriété d'un droit réel, sur le vû de l'assignation donnée pour vider le différend, le conservateur fait l'énonciation, et déclare sur l'original de l'assignation qu'elle a été faite tel jour;

2°. Quand un mariage est déclaré nul, elle se fait sous le nom de la femme pour ses biens propres, dotaux ou paraphernaux; sous celui du mari, si l'on a pris hypothèque pour sûreté de la dot;

3°. Si la société conjugale est détruite par une séparation de biens, il en est fait mention comme précédemment;

4°. S'il y a séquestre, l'énonciation aura lieu, si

déjà on ne l'a faite, par un ajournement pour la même cause ;

5°. Quand un débiteur laisse protester un billet, le créancier peut requérir l'énonciation tant sur les biens du souscripteur que des endosseurs, contre lesquels il a recours ;

6°. Toute faillite déclarée devra être énoncée sur tous les biens du débiteur, à sa requête en déposant son bilan, à peine d'être condamné comme banqueroutier frauduleux, si les parties lésées le requièrent ;

7°. Quand une partie est incapable de contracter, on doit énoncer si les formalités voulues par la loi ont été suivies ;

8°. On énonce toute opposition à la fin d'inscription ;

9°. La dissolution d'une société sera aussi énoncée ;

10°. Des jugemens portant interdiction ou nomination d'un conseil judiciaire ainsi que leur main-levée, seront énoncés sous le nom de la propriété et de l'incapable ;

11°. Quand il s'élève une contestation sur l'état d'une personne, on peut faire l'énonciation pour la conservation soit de ses droits, soit de ceux des tiers.

IV. *De l'effet de l'énonciation.*

L'effet de l'énonciation est de conserver intacts les droits de celui qui la requiert, et d'annoncer aux tiers les risques qu'ils courent en contractant avec une personne qui n'a à la propriété d'une chose que des droits éventuels.

Toute inscription prise postérieurement à une énonciation ne peut causer aucun préjudice à celui qui l'a fait faire, mais elle conservera son effet à l'égard du débiteur et des propriétaires de droits personnels.

Mais, en sens inverse, toute inscription prise antérieurement à une énonciation aura son plein et entier effet à l'égard des tiers, parmi lesquels se trouve celui qui a fait l'énonciation; ils ont eu tous la facilité de connaître en quel état se trouvait le domaine entre les mains du possesseur; ils ne peuvent détruire des droits acquis, mais ils en constituent de nouveaux qui ne doivent pas être privilégiés.

Le droit de faire une énonciation appartient en général à celui qui prétend avoir un droit qu'on lui conteste. Tant que dure le différend, l'effet de l'énonciation est de laisser ce droit en suspens jusqu'au jugement définitif et en dernier ressort, en un mot, jusqu'à la cessation des difficultés, parce qu'alors seulement on inscrira comme propriétaire celui des plaideurs qui aura eu gain de cause.

Avant cette inscription définitive, l'énonciation avait déclaré aux tiers qu'ils devaient éviter de contracter un engagement à raison du droit en contestation, puisque l'énonciation pouvait se résoudre en une inscription, ou bien être déclarée mal fondée.

V. *De l'inscription.*

L'inscription, ainsi que l'énonciation, se fait sur le quatrième registre; mais il est à remarquer que les trois autres registres viennent à son égard en surabondance de ce dernier, puisqu'ils sont établis pour suppléer à la perte de ce quatrième ou pour faciliter les recherches.

L'inscription est sans contredit ce qu'il y a de plus important pour la conservation des droits réels.

Nous avons vu ce que doit contenir toute inscription, en déterminant ce que devait contenir le quatrième registre.

Une inscription une fois prise ne peut être anéantie que par un acte contraire à celui qui en est la cause.

Sont sujets à l'inscription, non-seulement tous les droits réels secondaires qui forment le domaine du droit réel primitif qu'ils démembrent, ainsi que les droits réels primitifs démembrent le droit absolu de propriété, le domaine.

Ainsi nul n'aura le droit de contester la possession d'un immeuble au préjudice d'un acquéreur qui aura fait transcrire son titre, à moins qu'il n'ait une inscription prise antérieurement, et en vertu de laquelle on lui a concédé un droit réel sur cet immeuble.

Ce que nous venons de dire de la propriété d'un immeuble se dira aussi de la propriété d'un droit réel primitif.

VI. *De l'effet de l'inscription.*

L'effet de l'inscription sur le quatrième registre est de conserver jusqu'à radiation la propriété de tous les droits réels, sans qu'il soit jamais nécessaire de renouveler l'inscription qui aurait été prise, excepté toutefois pour quelques-unes des hypothèques légales.

L'inscription détermine l'ordre dans lequel les droits réels ont été distraits, et par conséquent l'ordre dans lequel ils doivent être acquittés, de telle sorte que le détenteur d'un immeuble ne possédant qu'un seul droit réel est contraint d'acquitter ou de souffrir l'exercice de tous ceux qui le précèdent par l'inscription.

VII. *Des nullités.*

Le devoir de tout législateur, loin d'étendre, est de restreindre le plus possible les nullités.

Elles doivent toujours être expresses.

Ainsi, dans l'énonciation, il y aura nullité quand elle sera faite en vertu d'un acte nul ; il faut que l'on puisse bien reconnaître sur quoi elle porte et sur quelles personnes.

A l'égard de l'inscription on peut dire qu'il en est de même que pour l'énonciation.

En thèse générale, il faut que l'inscription consacre le double principe de la spécialité et de la publicité ; hors de là les nullités ne doivent jamais exister ; il faut qu'on ne puisse se méprendre. Les parties substantielles de l'inscription sont celles qui seulement donnent la spécialité et la publicité. Ainsi, l'inscription en elle-même sera toujours un avertissement pour le tiers, et l'inscription ne doit être annulée que lorsqu'elle n'a donné ni publicité ni spécialité, de telle sorte que le tiers aurait refusé, s'il avait cru que l'inscription pût lui être préjudiciable ; mais il n'en doit pas être de même quand le tiers contracte et qu'il s'appuie sur la nullité de l'inscription qui devait le primer ; il est de mauvaise foi, soit qu'il veuille, à son profit, détruire le gage, soit qu'il n'agisse que pour le débiteur, étant d'accord avec lui pour léser le véritable créancier.

VIII. *De ce que doivent contenir les extraits d'inscription.*

Les conservateurs doivent donner une copie exacte du registre destiné à la conservation des droits réels.

Ils doivent faire remonter leurs extraits à une possession centenaire, pour que l'acquéreur d'un droit réel puisse apprécier toutes les causes d'éviction qui pourraient résulter, soit d'une pétition d'hérédité, soit d'une déclaration d'absence, soit d'une réduction ou d'une révocation d'une donation pour cause d'inexécution des conditions ou de survenance d'enfans.

IX. *De la publicité des registres.*

Si la publicité est un grand bien, il n'est cependant pas nécessaire que tout le monde soit initié dans les secrets d'une famille, et que le premier venu puisse évaluer votre position de fortune en propriétés foncières. Les registres doivent être publics en ce sens qu'il appartient aux seuls intéressés, c'est-à-dire aux seuls propriétaires de droit réel, de requérir un extrait d'inscription. Toutefois, pour ménager les intérêts de tiers qui pourraient avoir quelques prétentions, il leur sera loisible de requérir une ordonnance de référé qui forcerait le conservateur à délivrer un extrait. L'ordonnance ne sera accordée que sur une cause déterminée, après avoir fait demander au conservateur, par l'intermédiaire d'un huissier, si la cause existe. Ainsi, par exemple, s'il existe une donation de telle à telle personne, une hérédité d'un tel, etc.

X. *De la responsabilité des conservateurs.*

Toute personne qui, par son fait ou sa faute, a causé à autrui un préjudice, en est responsable : voilà une règle générale qui s'applique aussi bien à celui qui exerce des fonctions qu'à celui qui leur est étranger.

En conséquence, les conservateurs seront responsables des erreurs et omissions qu'ils feraient, soit sur les registres, soit sur les extraits qu'ils délivreraient.

Comme fonctionnaires publics, ils encourront des peines suivant la gravité des circonstances ; s'il y a, par exemple, fraude, altération, etc.

CONCLUSION.

Je viens de présenter un système qui repose sur cette base : Que nul ne peut ni acquérir ni perdre un droit réel sur tel ou tel héritage, ou sur tel ou tel corps de biens, si le titre n'est inscrit sur les registres destinés à la conservation des droits réels.

L'adopter, serait créer l'état civil de toutes les propriétés immobilières de la France, ainsi que leur généalogie. Par la déclaration de la valeur et du revenu de chaque parcelle de terre, il serait facile de connaître le revenu et la valeur du territoire français, et asseoir l'impôt d'une manière plus juste et plus uniforme.

Les acquéreurs de droits réels, dans lesquels se trouvent les acheteurs et les créanciers, obtiennent une garantie certaine. Les causes d'éviction deviennent rares, et la propriété reprend la stabilité qu'elle doit avoir.

Tels sont les résultats que j'ai désiré obtenir. Puissé-je les avoir obtenus, ou seulement avoir éveillé la controverse sur ce point important !

AVIS

DU 25 AOUT 1830.

L'ouvrage que je publie seulement aujourd'hui devait paraître le 28 juillet dernier, lorsque le Moniteur du 26 proclama les perfides ordonnances qui ont un instant compromis les libertés publiques.
L'héroïque courage de la population parisienne, sûre d'être soutenue par tout le peuple français, a, comme par enchantement, renversé ce pouvoir parjure et exécrable qui pesait sur notre belle et valeureuse patrie.

Malgré ces événemens majestueux, je crois devoir encore soumettre à la critique de mes concitoyens, non-seulement mes idées relatives à la sûreté de la fortune particulière, mais encore l'interprétation que je croyais utile pour la charte; sous ce rapport, cet ouvrage peut être considéré comme de circonstance; aussi, est-ce pour donner plus d'extension à l'introduction qui précède la seconde partie, que j'ai cru devoir y faire les rectifications et les additions qui suivent.

SUPPLÉMENT

A L'INTRODUCTION DE LA DEUXIÈME PARTIE (p. 97).

Dans toutes les formes de gouvernement, la souveraineté appartient au peuple; tel est le droit réel et primitif. Ce n'est que par l'effet d'une puissance matérielle, ou d'un abandon ridicule, qu'un chef ou une partie du peuple (l'aristocratie) s'en empare de fait au détriment de la généralité.

La souveraineté étant incontestablement reconnue, en fait et en droit, appartenir au peuple, un prince ne peut donc être élu roi que par le peuple lui-même ou ses mandataires. Cette élection est utile, néeessaire même, pour écarter la foule des ambitieux qui voudraient atteindre à la souveraine magistrature.

En conséquence le peuple abandonne une partie de sa souveraineté pour établir et consolider sa propre tranquillité; mais il a le droit d'imposer des conditions, qui doivent être clairement exprimées dans le contrat qu'il fait avec le prince qui est appelé à gouverner seulement dans l'intérêt général et non à son avantage ou à l'avantage d'une classe privilégiée. Chaque citoyen doit espérer, par son mérite personnel, arriver aux emplois publics.

Lorsqu'en 1814 Louis XVIII *octroya* la charte, il fit un don au peuple français; don, qu'il n'avait ni le droit ni le pouvoir de faire. Malgré cette usurpation manifeste, la nation accepta cette constitution; dès lors il y eut un contrat entre la famille aînée des Bourbons et le peuple, contrat qui devait être loyalement et fidèlement exécuté de part et d'autre. Il n'en fut point ainsi; après avoir été vicié dans mainte et mainte occasion; ce contrat vient d'être odieusement méconnu par l'ex-roi Charles X, pour qui le parjure semble n'être pas une infamie. Le peuple, indigné de ce qu'on avait transgressé le pacte consenti et juré avec solennité, s'est spontanément soulevé contre la force matérielle, pour recouvrer, pleins et entiers, ses droits légitimes de souveraineté. Sa parole a été dégagée par l'infâme inexécution des clauses du contrat, qui obligeait réciproquement les deux parties.

La charte n'existe donc plus depuis les 27, 28 et 29 juillet 1830; et par suite toutes les institutions qui en découlent. Une nouvelle charte était donc nécessaire, indispensable. La nation, par l'intermédiaire de ses représentans, a fait un nouveau contrat (1), et a appelé au trône un prince citoyen français. Il serait sans nul doute dangereux d'examiner jusqu'à quel point les députés des départemens, après avoir en général si peu montré de courage et de patriotisme

(1) Ce serait une erreur de croire que la Charte de 1830 n'est que la Charte de 1814 amendée. C'est un véritable contrat nouveau, dans toute la force du terme; car, lorsqu'une obligation est modifiée, ce n'est plus, certes, la première obligation, mais bien une nouvelle, créée par de nouveaux consentemens des parties contractantes. Ainsi donc c'est la nouvelle Charte qui établit l'inamovibilité de la magistrature, et non l'ancienne; en un mot, c'est par sa force seule que toutes les institutions sont affermies.

dans cette périlleuse occasion, ont eu le droit et le pouvoir de consentir ce nouveau contrat, qui donne les plus grandes garanties, non certainement par lui-même, mais par la franchise et la loyauté du prince qui a bien voulu accepter le fardeau de la couronne. Si donc le roi n'a cette qualité et n'exerce un pouvoir souverain que par suite de la délégation que lui a faite le peuple d'une partie de sa puissance, il faut nécessairement décider qu'il est le symbole de la nation francaise, qu'il en est l'auguste reflet. Aussi le cri éminemment patriotique : VIVE LE ROI, ne doit-il être entendu que comme synonyme de celui-ci : VIVE LA FRANCE ; VIVE LA PATRIE. De plus, c'est un cri pacifique ; car il exprime la volonté forte de maintenir, conserver et défendre l'état de chose existant ; en ce sens il veut dire : VIVE LA CONSTITUTION ; puisque le roi n'est plus chef de l'état par la grâce de Dieu et la légitimité ; mais bien par la volonté seule du peuple sous les conditions exprimées dans le pacte d'union ; contrat obligatoire pour le prince et pour tous les Français, et qui doit, de part et d'autre, être exécuté avec loyauté et franchise.

Le roi que s'est choisi la France est doué d'une âme tellement française, qu'en arrivant à Paris, sous le titre de lieutenant-général du royaume, il n'a pas hésité à prendre les couleurs nationales, couleurs si nobles, qu'elles rappellent à tout bon Français ces jours de glorieuse mémoire qu'en vain, pendant quinze ans, on a tâché d'avilir, mais que l'inexorable histoire a tracés en lettres de bronze.

La chambre des députés a décrété, dans l'art. 67, que la France reprendrait dorénavant ses couleurs, et qu'à l'avenir il ne serait plus porté d'autre cocarde que la cocarde tricolore. Cette déclaration était-elle nécessaire? n'était-ce pas un droit? La France a secoué le joug: pouvait-on lui imposer des couleurs qui ne fussent pas les siennes? Mais supposons que la chambre devait porter cette décision; pourquoi ne l'a-t-elle pas fait complète? Si la France reprend ses couleurs, elle doit aussi reprendre ses armes. La royauté, aujourd'hui, ne confère plus un droit seigneurial sur les Français; ils ne sont pas sujets, ils sont citoyens; le trône n'est plus ce trône usé de nos anciens maîtres ou tyrans; c'est un trône neuf, élevé sur un terrain solide et impérissable, l'ordre. C'est donc à tort que les conseillers de la couronne ont engagé Louis-Philippe premier à décréter que les sceaux de France seraient dorénavant l'alliage des couleurs nationales avec les armes de la famille d'Orléans (1). Pourquoi les gardes nationaux seuls auraient-ils le privilége de porter les armes de la France? La chambre a donc failli sur un point peu important en apparence, mais qui cependant peut faire naître des mécontens; car il n'est pas inutile de faire remarquer l'horreur qu'on avait pour les fleurs de lis dans les mémorables

(1) Le titre même de roi des Français n'est pas en harmonie avec les nouveaux sceaux. D'ailleurs c'est une nouvelle monarchie qui ne doit tenir en rien de celles qui l'ont précédée, c'est une jeune plante pleine de vie et qui ne doit produire que de bons fruits.

journées des 27, 28 et 29 juillet; elles rappelaient les nombreuses infractions faites à l'ancienne charte; car elles ont scellé l'ordonnance du 25 juillet. Heureusement ce n'est qu'en vertu d'une ordonnance, et par conséquent révocable.

D'ailleurs, le coq gaulois, symbole de la vigilance, eut par ses cris aigus averti le prince que ses conseillers compromettaient les libertés publiques; et si, chose impossible, sa majesté Louis-Philippe premier, roi des Français, était devenu sourd à ses lugubres accens, le peuple, éveillé, sur ses gardes, dans une attitude majestueuse, devra réclamer l'exécution du pacte sacré.

L'article 12 ainsi que l'article 13 de l'ancienne charte nous disent : qu'*au roi seul appartient la puissance exécutive;* pris à la lettre, ce serait une erreur; car la personne du roi ne pourrait plus être inviolable et sacrée, s'il lui était permis de gouverner activement; selon moi, cet article doit s'entendre comme l'article 48 ainsi conçu : *Toute justice émane du roi; elle s'administre en son nom par des juges qu'il institue.* Eh bien! de même la puissance exécutive émane du roi; et elle régit au nom du roi, par des agens responsables qu'il nomme; de telle sorte qu'aucun acte de la puissance exécutive ne peut être obligatoire, s'il n'est pas revêtu des formes sacramentelles; la signature du roi, dans cette espèce d'actes, est en quelque sorte la légalisation des signatures des agens responsables; s'il en était autrement, le roi pourrait être responsable; or, d'après notre pacte, il ne doit pouvoir faire que le bien et jamais le mal ; il peut refuser la formule d'exécution ; il ne doit pas être censé avoir fait un acte qui pourrait compromettre son autorité ou diminuer l'amour du peuple pour son auguste personne. Le roi forme la base et le faîte de l'édifice social, de telle sorte qu'on ne peut jamais supposer qu'il ait l'intention d'agir contrairement au bonheur du peuple ; et c'est en ce sens que j'explique que *le roi est le chef suprême de l'État.*

Si l'on veut faire une véritable loi de responsabilité ministérielle, on doit nécessairement bien distinguer la puissance législative et la puissance exécutive : la première appartient en entier aux chambres et au roi ; la seconde se partage entre les chambres, le roi et le gouvernement.

Les agens responsables ont la plus grande partie de la puissance exécutive : s'il n'en était pas ainsi, l'action du gouvernement serait nulle, et la loi de responsabilité n'aurait aucun effet.

Ainsi toutes les nominations, en un mot, toutes les actions faites par les ministres ou leurs délégués, le sont sous leur responsabilité personnelle ; le roi n'a fait que les sanctionner, sans adopter leur plus ou moins d'opportunité ; il peut refuser ; mais, en adoptant, il ne se dépopularise nullement, parce que les ministres sont responsables, et que son auguste personne est inviolable et sacrée.

La loi de responsabilité doit donc bien établir la distinction à faire entre les deux puissances distinctes qui forment la souveraineté, et fixer invariablement quelle portion de la puissance exécutive exercent les chambres et le roi (1).

L'article 23, qui remplace l'article 27 de l'ancienne charte, a été modifié par la disposition suivante :

« Et toutes les nominations et créations nouvelles « de pairs, faites sous le règne du roi Charles X, sont « déclarées nulles et non avenues.

« Et pour prévenir le retour des graves abus qui « ont altéré le principe de la pairie, l'article 27 de « la charte, qui donne au roi la faculté illimitée de « nommer des pairs, sera soumise à un nouvel exa- « men dans la session de 1831. »

S'il est vrai que la révolution de 1830 est supérieure à celle de 1789, les effets doivent aussi être meilleurs. La charte de 1814, espèce de droit transitoire entre l'ancien et le nouveau régime, est le résultat de la révolution de 1789. Dans ce pacte sont reconnus quelques-uns des droits appartenant au peuple ; mais en revanche on y a conservé quelques institutions qui tiennent de la féodalité ; telle est la chambre des pairs, qui avec raison constitue un des trois pouvoirs législatifs, qui par leur réunion forment la souveraineté législative d'après la charte.

La révolution de 1830 doit avoir pour effet d'abolir entièrement les vestiges de l'ancien régime ; l'aristocratie de noblesse doit se former des personnes qui par leur talent ont illustré la patrie. L'hérédité de la pairie ne doit plus faire une question. L'hérédité

(1) Plus tard je publierai peut-être à ce sujet un opuscule qui développera toute ma pensée.

n'est bonne, n'est utile, n'est comprise que pour la famille royale, parce que le trône ne doit jamais rester vacant un seul instant, à peine des plus grands malheurs.

Conserver l'hérédité de la pairie, c'est révoquer l'article 62 de la nouvelle charte; car la pairie héréditaire est une noblesse qui grève le pays, puisqu'elle peut être composée de personnes sans capacité.

Ne doit être pair de France que celui qui a rendu des services à son pays, et non celui qui n'a pour titre à cette noblesse que la naissance. La naissance est un fait, mais ne peut établir un droit pareil. Quel honneur doit conférer la France à celui qui n'a rien fait pour elle? il avait pour père un homme de mérite, un homme qui avait rendu de grands services à la nation; mais le mérite et les services des pères passent-ils aux enfans par droit de succession? Il est honorable pour eux d'avoir de tels aïeux, mais ne faut-il pas qu'ils se rendent dignes d'occuper le fauteuil que leurs pères ont si dignement acquis?

Il me semble que la chambre des pairs doit être l'opposé de la chambre des députés; la première est celle de l'expérience, de la sagesse; enfin c'est le conseil des anciens; tandis que la chambre des députés est celle de la démocratie; et par conséquent doit être plus active, en un mot, moins calme que l'autre.

De là il me semble qu'on ne devrait pouvoir être appelé à la pairie qu'à l'âge de quarante ans, parce qu'alors seulement on peut apprécier la reconnaissance publique pour les services rendus à la patrie. Alors je conçois qu'une dotation soit affectée à la pairie, qui devient alors une récompense nationale accordée à celui qui s'en est rendu digne pendant sa vie; de même qu'on doit rendre des honneurs aux grands hommes après leur mort.

Si l'on conserve l'hérédité, que peut-il en arriver? bien plus, que doit-il arriver? La chambre haute sera peuplée d'hommes sans mérite, comme sans considération; l'opinion publique fera justice de sa nullité, et la pairie étant dans le discrédit, on ne verra plus que deux pouvoirs, le roi et la chambre des députés, qui seule sera soutenue par le peuple, comme étant son organe. Je n'ai pas besoin de présenter un exemple que tout le monde connaît.

Sous un autre point de vue, l'hérédité fait naître l'insolence; tel jeune homme qui eût pu rendre des services importans, s'il eût été obligé d'acquérir les honneurs dont ses aïeux ont joui, refuse de s'instruire et d'être utile, ayant la conviction de posséder la faveur insigne que la nation avait accordée à son père. Qu'on examine ce qui se passe de nos jours, et l'on sera convaincu de ce que j'avance; quelques nobles exceptions ne détruisent pas la règle, et d'ailleurs ne suffit-il pas qu'une seule personne puisse arriver de cette manière à la pairie sans en être digne, pour qu'on détruise à jamais cette hérédité, digne reflet de la féodalité?

Le droit d'être pair de France n'appartient pas à telle ou telle famille, mais à tous les citoyens français qui, tous égaux, n'obtiennent de distinction que par leur mérite personnel.

Un autre effet désastreux de l'hérédité de la pairie vient de ce que la circulation des biens est entravée par ces substitutions à l'infini qui forment le majorat des pairs ; substitutions qui détruisent l'égalité des successions au bénéfice exclusif des enfans aînés mâles, et par suite desquelles un frère voit avec mépris ses frères dans l'indigence ; car celui qui, sans mérite, obtient un rang élevé dans la société, est incapable d'avoir des sentimens généreux et nobles, que sa morgue et sa fatuité ont éteints.

On doit donc éviter ces vices inhérens à l'hérédité de la pairie, et le seul moyen est d'en faire une récompense nationale pour les personnes qui ont utilement servi leur pays par leur mérite et leurs actions. Les chambres devraient peut-être avoir le droit de présenter au Roi les personnes dignes de cette reconnaissance publique.

Lorsque j'écrivais (page 106) que, d'après les articles 38 et 40 de la Charte de 1814, les choses avaient plus de faveur que les personnes dans la représentation nationale, je disais alors une vérité ; aujourd'hui les articles 30 et 32 de la nouvelle Charte votés par la chambre des députés le 7 de ce mois, ont laissé à des lois organiques le soin de déterminer si la représentation nationale ne devait comprendre qu'une certaine classe de citoyens.

La chambre des députés doit être l'organe de tous les citoyens ; car il faut bien comprendre que chaque député n'est pas le mandataire d'une agglomération de citoyens pour agir en leur faveur, mais bien pour se conduire dans l'intérêt général du peuple français. Aussi les députés sont les représentans de la nation et non ceux de tel département ou de tel arrondissement.

Quoique le mandat donné à chaque membre de la chambre doive être étendu et non restreint à une localité ou à une spécialité, il est utile, ce me semble, que la chambre ait des personnes ayant des connaissances spéciales sur chacun des besoins qui divisent le peuple en classes différentes.

Ainsi, pour que la chambre des députés soit nationalement composée, et soit le véritable organe de toutes les classes de citoyens, il me semble nécessaire de ne pas limiter le droit d'éligibilité et d'élection aux seules personnes qui paient telle ou telle quotité d'impôt.

Les grands propriétaires doivent avoir des représentans de leur choix qui défendent leurs intérêts, et qui imposent les sacrifices nécessaires à la patrie.

Les propriétaires d'une fortune moindre doivent aussi avoir des députés par eux élus (1).

On doit par une loi fixer le taux auquel devront atteindre les électeurs, et fixer combien il doit y avoir de députés de l'une et de l'autre espèce, d'après la population de chaque département.

La magistrature doit aussi avoir son organe ; ainsi, par exemple, que chaque ressort de cour royale envoie

(1) Pour les propriétaires électeurs, par cette qualité, ce que j'ai dit dans mon introduction sur la distinction du domaine civil et naturel, est applicable et même d'une grande utilité.

tel nombre de députés; ici la quotité d'impôt doit être illimitée, il suffit d'être magistrat.

Pourquoi les armées de terre et de mer n'auraient-elles pas aussi des représentans à la chambre, ne fût-ce que pour prévenir les abus que nous avons à déplorer dans les journées des 27, 28 et 29 juillet dernier, et pour éviter les injustices que pourraient commettre les agens du gouvernement. Si l'armée doit une obéissance passive aux règles de discipline, elle n'est pas moins composée de citoyens qui ont droit de concourir aux actes de souveraineté.

Les savans, les littérateurs qui concourent si puissamment à la gloire nationale, doivent aussi être admis à la représentation nationale. Ils pourront éveiller l'attention de la chambre sur des objets qui, au premier abord, pourraient paraître de peu d'importance, réclamer les secours utiles pour la gloire et le bonheur général; car, il faut l'avouer, plus l'instruction sera répandue, plus il y aura de sagesse, et par conséquent le bonheur se fera partout sentir davantage.

Les artistes, peintres, musiciens, graveurs, etc., auraient besoin d'être représentés, afin que ce ne fût plus la faveur seule qui répartît la distribution des sommes allouées à l'encouragement.

Voilà trois classes d'hommes qui en général sont peu fortunés, et si l'on prend pour base la quotité d'impôt, rarement ils pourront atteindre au cens voulu pour être seulement électeur.

Les avocats et les avoués, les médecins, devraient aussi pouvoir choisir des représentans.

Enfin les industriels ne devraient pas être confondus avec les possesseurs de biens-fonds ; il est utile aussi que le commerce ait son organe ; qu'il y ait des imprimeurs, des libraires, des marchands en gros et en détail ; les agens de change, les courtiers, les banquiers ; mais il ne faut pas que les gens de finance s'emparent de la représentation nationale ; ils sont trop portés à faire leurs affaires des affaires publiques.

Voilà, ce me semble, sur quelle base devraient être établies les lois organiques que réclament les articles 30 et 32 de la nouvelle charte ; car, pour être éligible, je ne vois pas pourquoi il faut payer telle ou telle somme d'impôt, ainsi que je l'ai dit (page 108). La garantie que l'on doit rechercher dans un député n'est pas dans son plus ou moins de fortune, mais dans son mérite personnel, et dans ses qualités d'homme et de citoyen. L'impôt n'est qu'un fait accidentel, mais ne ne constituera jamais un droit réel. La chambre n'aura de véritable autorité physique et morale qu'autant qu'elle sera l'expression de tous les citoyens, quelle que soit leur fortune, quelles que soient leurs occupations journalières et favorites.

La véritable garantie qu'on doive exiger d'un représentant est sa moralité et son savoir. La garantie de la fortune est factice, et bien plus encore celle de l'impôt. Ne peut-il pas arriver qu'une personne, payant la somme de l'impôt requise pour être éligible, soit cependant obérée, que ses propriétes soient grevées d'hypothèques énormes ; que, s'il est commerçant, il soit sur le point d'être en faillite ; eh bien ! alors que devient cette garantie tirée de la quotité de l'impôt? De plus, ne peut-on pas acquérir des biens par ventes simulées? Est-ce alors l'éligible qui paie réellement l'impôt? Eh bien! je le demande, un citoyen patriote et honnête homme peut-il, dans ce cas, venir affirmer, en présence de la France entière, qu'il est éligible, qu'il remplit réellement toutes les conditions exigées par la loi? Est-ce un serment consciencieux?

Il faut enfin l'avouer, c'est au collége électoral à choisir son mandataire, ainsi qu'il lui plaira; c'est lui seul qui doit le juger digne de cette haute mission; il doit suffire qu'on soit citoyen français, et avoir trente ans, puisque la chambre l'a ainsi pensé (1), pour être appelé aux fonctions honorables de représentant de la nation française. Les colléges électoraux, étant franchement indépendans, ne choisiront presque jamais de mandataires infidèles ou turbulens. *Vox populi, vox Dei.*

Les représentans d'une grande nation comme la

(1) M. Villemain avait raison de réclamer l'abaissement de l'âge pour être éligible. Les devoirs d'électeur ne sont-ils pas aussi importans à bien remplir que ceux de député? Il faut une chambre jeune et non caduque; car, ainsi que l'a dit un lord anglais, jusqu'à 40 ans on fait de l'opposition; après cet âge on pense à sa femme et à l'établissement de ses enfans; en un mot, on devient égoïste; les idées généreuses s'évanouissent: tandis que, jeune, l'amour de la patrie l'emporte sur l'amour conjugal et l'amour filial. Agé, on cède plus facilement devant le pouvoir.

Qu'il me soit permis de rapporter une parole de l'illustre Manuel, à qui l'on offrait une épouse digne de lui: « Me marier! s'écria-« t-il; non, jamais! je n'aurais plus le courage de monter à la « tribune. »

France ne doivent pas sacrifier pour elle leur vie, leur temps et leur fortune; elle doit les indemniser, non de leur temps, mais des dépenses nécessaires. Ainsi, en allouant à un député 10 ou 15 francs par jour, quand il se présentera à la chambre ou qu'il en sera physiquement empêché, ce serait une justice.

Tel même qui paie 1000 fr. de contributions ou même 2000, refuse la députation, à cause de sa nombreuse famille; car elle lui causerait des dépenses au-dessus de ses facultés. Le trésor ne serait pas grevé d'une grande dépense, et la France y gagnerait d'obtenir de bons et loyaux représentans. Il faut seulement éviter que ce soit une place lucrative enviée par des ambitieux; il suffit qu'on indemnise les voyages et le séjour hors des foyers domestiques.

Il y a long-temps que des voix indépendantes ont réclamé cette innovation qui n'en est pas une, puisque telle était la disposition de la constitution de 1791. Il ne faut pas que la députation soit l'apanage de l'aristocratie de la fortune, plus intolérable peut-être que l'aristocratie de noblesse héréditaire.

On a cru, par la modification apportée à l'art. 73 de l'ancienne charte, garantir entièrement les droits et l'administration des colonies. L'art. 64 de la nouvelle charte dit que *les colonies sont régies par des lois particulières;* mais ne leur faut-il pas aussi des règlemens et des ordonnances particulières pour l'exécution de ces lois particulières, ainsi que le veut pour le continent l'art. 13?

Que les colonies aient pour les intérêts privés des

lois particulières, rien n'est plus juste; leur position sociale et leur degré de civilisation le réclament peut-être impérieusement; ainsi que dans la France continentale, pour certaines provinces, pour certains départemens, il y a des lois et des usages qui leur sont particuliers, il doit donc en être de même pour les colonies ensemble ou pour chacune d'elles; leur produit, leur commerce demandent des modifications au droit commun des Français du continent.

La nouvelle comme l'ancienne charte disent que les Français sont égaux devant la loi; qu'ils sont tous également admissibles aux emplois civils et militaires; que la liberté individuelle est garantie, ainsi que la liberté de la presse; cependant les colons sont Français, et ne jouissent pas, ou du moins également, de tous ces avantages.

Ils n'ont point l'inamovibilité de la magistrature et d'organisation municipale; ils courbent leurs têtes sous un joug despotique.

Les colonies n'ont point de vie politique, de là point d'administration constitutionnelle; pourquoi ne les appellerait-on pas à la représentation nationale? Ne serait-il pas avantageux qu'elles eussent des organes à la chambre?

Certes les colonies font partie du territoire français, par conséquent les habitans sont citoyens français; ils doivent donc jouir de tous les droits politiques de citoyens.

La chambre devra donc s'occuper de rendre aux colonies les droits qui leur appartiennent; et surtout prendre des décisions propres à détruire les préjugés infernaux qui écrasent les gens de couleur. Quand la loi constitutionnelle déclare, art. 62, que la noblesse n'accorde que des rangs et des honneurs, sans aucune exception des charges et des devoirs à la société ; et la distinction qui existe dans les colonies a pour effet de charger les uns sans qu'ils puissent participer aux emplois et aux honneurs, au profit des autres, que l'on peut considérer comme de vrais tyrans.

Nulle part, pas plus aux colonies qu'ailleurs, la loi ne doit établir de distinctions plus ou moins élevées, plus ou moins privilégiées. La seule distinction possible, vraie, utile, est celle que donne le mérite personnel; or, les gens de couleur sont aussi aptes à remplir les emplois publics et à obtenir justice que tous les autres Français.

Parmi les lois dont l'urgence se fait sentir, est celle de l'abolition de la peine de mort, et que déjà la chambre a prise en considération ; la loi du sacrilége doit aussi être rapportée, cela ne peut souffrir de doute; de même l'on doit, ce me semble, dans l'intérêt de la morale publique, révoquer la loi du 8 mai 1816. Du moins il est important de fixer les effets de la séparation de corps; car, quoi qu'en ait dit M. Dupin à la chambre il y a quelques années, sur une pétition à ce sujet, le mariage subsiste puisqu'il n'a pas été dissous ; et les enfans de la mère ont pour père le mari : *Is pater est quem justa nuptia demonstrant.* Le rétablissement du divorce préviendrait ces effets scandaleux de séparation de corps; et d'autant plus que nous ne sommes plus sous une puissance jésuitique, une religion particulière ne doit pas influer sur des lois faites pour régir toute espèce de sectateurs; l'article 6 de la charte doit être exécuté dans toute sa rigueur, nonobstant l'absurdité de l'article 7, qui énonce un fait peut-être matériellement faux ; car ce n'est pas professer une religion, dans laquelle le hasard ou le caprice de quelques personnes ont voulu vous placer à votre insu, que de n'en suivre aucun des rites.

La chambre des députés, dans les dispositions particulières placées à la fin de la nouvelle charte, a déclaré qu'il était nécessaire de pourvoir successivement par des lois particulières, et dans le plus court délai possible, aux objets qui y sont énumérés.

1°. L'application du jury aux délits de la presse.

2°. La responsabilité des ministres et des autres agens du pouvoir.

3°. La réélection des députés promus à des fonctions publiques (1).

4°. Le vote annuel du contingent de l'armée.

5 . L'organisation de la garde nationale, avec intervention des gardes nationaux dans le choix de leurs officiers.

(1) MM. les députés promus à des places ne se pressent pas d'exécuter cette décision; la Chambre devrait sentir que la France demande une Chambre neuve et jeune. Il ne faut plus de ces personnes qui ont tour à tour prêté serment à Napoléon, à Louis XVIII, à Charles X : il faut des hommes vierges.

6°. Des dispositions assurant d'une manière légale l'état des officiers de tout grade.

7°. Des institutions départementales et municipales fondées sur un système électif.

8°. L'instruction publique et la liberté de l'enseignement.

9°. L'abolition du double vote et la fixation des conditions électorales et d'éligibilité.

Mais dans cette énumération, on a oublié, ce me semble, quatre objets également importans :

1°. L'inamovibilité des professeurs enseignant, qui a été si souvent violée ; en la combinant toutefois avec les intérêts de la science et de l'instruction. Il suffit d'assurer leur indépendance et leur état d'une manière légale (1).

2°. Des dispositions relatives au cumul des places. Il ne faudrait cependant pas abolir entièrement le cu-

(1) L'enseignement public réclame de grandes améliorations ; aujourd'hui, où l'on sent plus que jamais les besoins de l'instruction, il ne faut pas que les places de professeurs soient des sinécures. Le professorat ne doit pas être une voie pour faire fortune ; il faut des hommes de talens, dévoués à la patrie, et qu'ils aient la conscience de remplir avec honneur les importantes fonctions qui leur sont confiées ; c'est un dévouement absolu que la patrie exige d'eux, pour rendre les jeunes concitoyens meilleurs que leurs devanciers. Sous ce rapport l'état ne peut trop faire de sacrifices ; et les députés ne doivent surtout pas reculer devant des considérations secondaires présentées par les personnes intéressées, pour lesquelles une diminution d'appointement est une plaie incurable.

Si le temps me le permet, je publierai quelques considérations sur les changemens à faire éprouver à l'enseignement.

mul, il est quelques exceptions utiles et nécessaires ; ainsi, par exemple, lorsque la rétribution d'une seule place ne peut suffire pour les dépenses exigées tant pour soi que pour sa famille.

Il serait peut-être utile que la chambre sentît la nécessité d'abandonner au ministère une somme qui serait employée pour retenir par des gratifications ou pensions tel savant ou tel artiste français qu'il est glorieux de posséder.

Un gouvernement comme celui de la France doit encourager les sciences et les arts ; mais la chambre doit prendre les précautions nécessaires pour que l'emploi de la somme qu'elle allouera chaque année pour cet objet ne soit pas divertie ou mal distribuée.

3°. La révision des anciennes lois françaises, des lois intermédiaires de la révolution de 1789 et des décrets de l'Empire ; chaos dans lequel on ne peut savoir quelles sont les lois encore obligatoires et celles qui ont cessé de l'être, et d'ailleurs émises sous des influences qu'il faut à jamais détruire. Doit-on encore être régi par le droit divin ou le droit du sabre ?

4°. La chambre doit aussi prendre une décision précise sur l'inviolabilité de la personne des députés et des pairs de France. Les articles 29 et 44 de la nouvelle Charte, semblables aux articles 34 et 35 de l'ancienne me paraissent insuffisans. Un député légalement élu ne doit jamais être éliminé de la chambre par la majorité sous le prétexte frivole de ses opinions, etc.

La France ne doit plus être affligée de ces décisions absurdes qui ont écarté M. l'abbé Grégoire et surtout Manuel, le courageux et éloquent défenseur de nos libertés compromises, si indignement abandonné par ses concitoyens. Qu'un honneur tardif vienne au moins payer la dette sacrée de la patrie ! Le poëte national a chanté ses vertus ; la France doit-elle être moins reconnaissante ?

BIBLIOTHÈQUE NATIONALE R.F. IMPRIMÉS

FIN.

TABLE

DES MATIÈRES.

BIBLIOTHÈQUE NATIONALE R.F. IMPRIMÉS

www.ingramcontent.com/pod-product-compliance
Ingram Content Group UK Ltd.
Pitfield, Milton Keynes, MK11 3LW, UK
UKHW021055230726
13926UKWH00004B/1866